TENACI VIMINE
LILIIS
VNGOR

RECVEIL

DES DERNIERES ET

PRINCIPALES ORDONNANCES, QVI CONCER-
nent principalement l'Honneur de D I E V, la Garde & Seureté
de la ville d'Amiens, & le Gouuernement & Police d'icelle, tirées
de plusieurs Edicts du Roy, Ordonnances & Publications des
Regiftres de l'Hoftel Commun de ladite ville d'Amiens, mifes par
ordre & par chapitres feparez, fuiuant les matieres au long declarées en la Table eftant à la fin du prefent recueil, qui a efte fait en
l'année 1 5 8 6. de l'Ordonnance de Meffieurs les Majeur, Preuoft,
Efcheuins d'icelle, Iuges royaux, ordinaires & politiques, ayans
fouz le Roy, la Garde, force, Gouuernement, & Super-Intendance
de ladite ville. A ce temps fire Philippes du Beguin fieur des Alleux
Majeur, & M. Nicolas Deleffau Greffier d'icelle.

A AMIENS,

Chez Robert Hubault, Imprimeur & Libraire.

M. DC. LIII.

Auec permiſsion de Mefdits Sieurs.

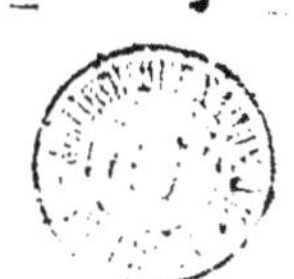

EN l'Efcheuinage tenu à Amiens le Ieudy troifieme Iuillet mil fix cens cinquante-trois, où eſtoient GABRIEL DE SACHY, Seigneur du Coudray, d'Abancourt, & Vvarfuzée, Confeiller de ville, & Premier Efcheuin : Maiſtre GVY FOVRNIER, Confeiller du ROY, Eſleu en l'Eſlection d'Amiens : FRANÇOIS DE COVRT : CLAVDE LE BON, Eſcuyer ſieur de Thionuille, NICOLAS DE BRECQ, & IEAN PINGRÉ ſieur du Queſnoy, Efcheuins, & NICOLAS DELESSAV Greffier en Chef de ladite ville. SVR ce que ledit ſieur PREMIER a repreſenté, que le Liure manuſcrit (appellé le Liure Noir) contenant pluſieurs Reglemens, Ordonnances & Enſeignemens politiques, & vtiles à tous les Habitans, eſt deſchiré en pluſieurs endroits, & hors d'eſtat de pouuoir ſeruir, & qu'il ſeroit à propos de le rendre commun : Et pour cét effet le faire Imprimer. L'Affaire miſe en deliberation, IL A ESTÉ RESOLV, que ledit Liure ſera imprimé par ROBERT HVBAVLT, auquel la Compagnie en a donné la PERMIſſion.

Signé, DELESSAV

RECVEIL DES DERNIERES ET PRINCIPALES ORDON-
nances, qui concernent principallement l'honneur de DIEV, la garde & seureté de
la Ville d'Amiens, & le Gouuernement & Police d'icelle tirees de plusieurs Edicts
du Roy. Ordonnances & Publications des Registres de l'Hostel Commun de ladite
Ville d'Amiens, mises par ordre & par chapitres separez suiuant les matieres au
long declarées en la Table estant en la fin du present Recueil, qui a esté fait en
l'Annee mil cinq cens quatre-vingtz six, de l'Ordonnance de Messieurs les Maieur,
Preuost & Escheuins d'icelle, Iuges Royaux Ordinaires & Politiques, ayans souz le
Roy la Garde, Force, Gouuernement & Super-Intendance de ladite Ville. A ce temps
Sire Philippes du Beguin sieur des Alleux, Maieur, & Maistre Nicolas de Less au Greffier
d'icelle.

PREMIEREMENT.

Ordonnances qui concernent l'honneur de DIEV, & de son Eglise.

E ROY par son Edict du mois de Iuillet mil cinq cens quatre-vingtz cinq, Ordonne entre autres choses; Que en ce Royaume il ne se face aucun exercice de la nouuelle Religion pretenduë reformée: mais seulement de la Religion, Catholique, Apostolique & Romaine ; Ce qu'il deffend à tous les Sujets de quelque qualité & condition qu'ils soyent. *N'auoir autre Religion que la Catholique.*

ORDONNE à tous Ministres de ladite Religion pretenduë reformee, qu'ils ayent à vuider & sortir du Royaume. *Tous Ministres sortiront.*

ORDONNE, que tous ses Sujets seront tenus viure selon la Religion Catholique, Apostolique & Romaine : Et ceux qui sont de la nouuelle Religion de s'en departir, se reduire a ladite Religion Catholique, Apostolique & Romaine, & en faire profession. Le tout sur peine de confiscation de corps & de biens. *Se reduire à la Religion Catholique.*

ET AV CAS qu'ils ne veullent faire ladite profession, qu'ils ayent à vuider & sortir hors du Royaume: En quoy faisant leur est permis vendre, jouyr, ou autrement disposer de leurs biens tant meubles que immeubles, ainsi que bon leur semblera. *Sortir du Royaume.*

A

Heretiques incapables de tenir Eſtats & Offices

TOVS les Suiets de ſa Maieſté qui ſe troũueront atteints d'hereſie, ſeront declarez incapables de tenir & exercer aucunes charges publiques, Eſtats, Offices & Dignitez en ce Royaume.

Ne charier les iours de Dimanches & de Feſtes.

PAR Ordonnance de la Police de ladite Ville, il eſt deffendu à toutes perſonnes de charier, ou faire charier, & mener aucũs bateaux ſur la riuiere : Aux meſureurs de grains de meſurer grains : Porteurs au ſac, portefaiz & manœuuriers de faire ouurages, ou porter faiz les iours de Feſtes, Dimanches, & autres iours & heures deffenduë, de l'Egliſe, ſur peine de punition corporelle, & de confiſcation de cheuaux, harnois & bateaux, & de ce qu'ils conduiront, & que les portefaiz porteront.

Reſtriction de l'Ordonnance precedente.

EST à noter, que par Eſcheuinage du 15. Decembre 1584. a eſté auiſé que l'on ne permettra le charroy entrer en ladite Ville le iour du S. Dimanche, les feſtes de N. Dame, & des Apoſtres, & des autres feſtes autant ſolemnelles, comme la Circonciſion, les Roys, le lendemain de Paſques, le lendemain de la Pentecoſte, l'Aſcenſion, le Iour de Dieu, la Natiuité S. Iean, la Touſſains, le iour de Noel, & le lendemain. Toutefois ſelon l'occurrence du temps & des affaires, que Monſieur le Maieur en pourra diſpoſer à ſa volonté, gardant le plus diligemment qu'il pourra l'honneur de Dieu, & qu'il n'en arriue aucun ſcandale,

Ne vẽdre marchandiſes les iours de Dimanches & des Feſtes.

EST DEFFENDV aux Marchands de draps de ſoye, Drappiers, Merciers, Bonnetiers, Orfeures, Chappeliers, Vicfiers, Cordenniers, Sueurs de viels, & à tous autres gens de meſtiers, vendre à cachette ou en public aucune marchandiſe, denree & manufacture de leurs eſtats; aux forains ny à autres les iours du S. Dimanche & Feſtes ſolemnelles, ſur peine de trois eſcus d'amende.

Declaration de l'Ordonnance precedente.

NOTA, que le 13. Decembre 1585. a eſté auiſé en aſſemblée, que leſdites deffences ſeroient obſeruees eſtroitement pour les iours du S. Dimanche, feſtes de N. Dame, & des Apoſtres, & autres feſtes autant ſolemnelles (hormis pour les viures) Et quant aux autres plus baſſes feſtes, que la rigueur n'y ſeroit tenue, pourveu que les marchands n'ouurent leurs boutiques, & qu'il n'en ſuruienne ſcandale, & que ce ſoit pour vendre aux forains, leſquels leſdits iours amenent vendre viures & autres cõmoditez.

Ne ſe promener aux Egliſes.

EST ENIOINT à tous les Habitans garder & ſolemniſer leſdits iours de Dimanche, & feſtes ſolemnelles commandees de l'Egliſe, & deffences à eux faites de ſe promener eſdits iours & autres, à quelque heure que ce ſoit és Egliſes de ladite Ville, à peine de priſon & de dix eſcus d'amende, conformement aux Arreſts de la Cour.

Ne blaſphemer.

DEFFENCES ſont faites à toutes perſonnes de iurer, blaſphemer, ou deteſter en quelque ſorte que ce ſoit le Saint Nom de Dieu, de la ſacrée Vierge ſa Mere, ou de ſes Saints, ſur peine d'amende arbitraire pour la premiere fois: pour la ſeconde eſtre attaché au carcant en lieu eminent

& public l'eſpace de ſix heures:& pour la troiſieme fois d'auoir la langue & les leures percees.

ET AVSSI deffendons à tous les Priuilegez tant du Roy que de la ville de joüer en leurs iardins & ſalles les iours de Dimanches & Feſtes ſolemnelles pendant l'heure de la grande Meſſe, & des veſpres parochiales, ſur peine de trois eſcus d'amende.

A TOVTES perſonnes de joüer au Ieu d'Armes en ſalles, ny en public, à la paume, au batoir, au tamis, à la boulle, boulette, fer à cheual, platte pierre, ny autres jeux publics leſdits iours de Dimanches & feſtes ſolemnelles pendant la predication & le ſaint Seruice diuin.

AVX Maiſtres deſdits jeux d'Armes d'ouurir leurs ſalles & fournir armes: aux Maiſtres des jeux de paulme d'ouurir leurs ieux, liurer racquettes ny eſtœufs aux fourniſſeurs de tamis, eſtœufs, boulles & fers à cheual d'en fournir aucuns à quelque heure que ce ſoit pendãt leſdites heures.

EST DEFFENDV à toutes perſonnes ſe promener au grand marché ny autres places auant la ville pendant la Predication, la Proceſſion Generalle, & la celebration du ſaint Seruice diuin, pendant leſdits iours de feſtes & Dimanches.

PAREILLEMENT aux Paticiers d'ouurir leurs maiſons, boutiques, & feneſtres à quelque heure que ce ſoit pendant leſdits iours de Feſtes & Dimanches, le tout à peine de quatre eſcus d'amende & de priſon.

EST ENIOINT à tous les Habitans reſidens és ruës eſquelles paſſe la Proceſſion Generalle du Iour de Dieu, où l'on porte le precieux Corps de N. Seigneur Ieſus-Chriſt, de tendre & tapiſſer la deuanture de leurs maiſons, le plus honorablement que faire pourront.

A CEVX des Meſtiers & Priuilegez d'y porter leurs cierges, aux eſgards d'y porter les torches.

PAREILLEMENT enjoint à tous les habitans tendre & decorer la deuanture de leurs maiſons le Dimanche enſuiuant ledit Iour de Dieu, que les Proceſſions ſe font par toutes les Paroiſſes.

Le tout à peine d'amende arbitraire.

IL EST DEFFENDV aux Bouchers de vendre chair en leur maiſon, ny ailleurs, & à toutes perſonnes d'en aller acheter en iour de dimanche, à peine de confiſcation & de deux eſcus cinq ſols d'amende.

Ordonnances qui concernent la Garde, seureté & conseruation de ladite Ville.

Injonctions d'a-
uoir armes, les-
quelles seront
inexploitables.

IL EST ENIOINT à tous les Habitans, sans aucun en excepter, d'auoir Armes suffisantes & bastons de deffences pour la garde & seureté de ladite Ville. & ne peuuent telles armes estre exploitees & prinses par execution, pour quelque cause ou occasion que ce soit, & sont deffences faites à tous Sergeans de les prendre par execution, ny en faire la vente, & à tous Priseurs d'en vendre à la criée, sans permission par escrit de mesdits Sieurs.

Nul ne sera re-
ceu à Maistre
qu'il n'ayt har-
quebouze.

NVL MAISTRE de quelque mestier que ce soit, ne peut estre receu qu'il n'ayt bonne harquebouze, fourniment, ceinture & espée : ce qu'il ne peut vendre pour quelque occasion que ce soit, mais les doit garder & entretenir curieusement pour la seureté de la Ville, & representer quand il leur est ordonné.

Chefs de portes
seront les mieux
armez.
Aurot soin quel-
les armes auront
les portiers.

TOVS les Chefs de Portes doiuent pardessus tous estre les mieux armez & equipez, & auoir le soin que leurs compagnons portiers soyent aussi armez & embastonnez suffisamment selon leurs moyens & facultez, & que leurs armes soyent tousiours entretenuës claires & nettes.

Donneront ad-
uertissement de
la negligence de
leurs soldats.

ET SI aucuns desdits compagnons portiers negligent leur deuoir en ce regard, à chacune fois qu'ils vont receuoir les clefs, en doiuent lesdits Chefs de portes aduertir Monsieur le Maieur pour y pouruoir.

Deuoirs des Pri-
uilegez à la pro-
uision de leurs
armes.

QVANT aux Priuilegez Arbalestriers en nombre de soixante, Archers du grand serment en nombre de quatre-vingtz-dix, Couleuuriniers en nombre de quatre-vingtz : Archers du petit serment en nombre de soixante, & Harquebuziers nouueaux en nombre de quatre-vingtz. Leur est ordonné auoir chacun morion, harquebuse, fourniment, & du moins vne liure de poudre à canon, deux liures de pezant de boullets, auec ceinture, espee & dague, à peine d'amende arbitraire : Et en doiuent les Maistres desdites Compagnies faire visitation quatre fois l'an, & denoncer les negligens & contemnans pour en faire punition ; en quoy faisant leur sera adiugé la moitié des amendes.

Ioüeurs d'espées.

ET les Ioüeurs d'Espee en nombre de soixante doiuent auoir chacun Espée à deux mains & long bois.

Gens du Guet.

AV regard des gens du Guet est enioint auoir bonnes hallebardes, ou autre long bois suffisant, au cas qu'ils n'ayent moyen d'auoir harquebuse.

Chacun sçaura
où est son quar-
tier en cas d'al-
larme, ou d'ef-
froy.

EST ENIOINT à tous lesdits Habitans Portiers, d'eux informer diligemment de leurs Chefs de Portes : aux Priuilegez de leurs Capitaines, & aux gens de Guet de leurs Dixiniers, des lieux & endroits où ils sont ordonnez & establis en cas d'allarme ou d'effroy.

ET efdits cas d'allarme ou d'effroy d'eux trouuer diligemment ar- *Debuoir d'vn*
mez & embaftonnez chacun en leurs quartiers, & de y mener auec eux, *chacun en cas*
leurs enfans & feruiteurs capables de porter les armes, armez & emba- *d'allarme.*
ftonnez, obeyr à leurs Chefs de portes ou Dixiniers: lefdits Chefs de portes & Dixiniers aux Conneftables, & les Conneftables aux Quartiniers
defdits lieux, fans aucun reffus ou difficulté.

SI L'ALLARME ou effroy furuient de nuit, l eft enjoint aux Habi- *Mettre lumie̅*
tans faire mettre de la lumiere à leurs huis, & à ceux qui ont charge de *re aux huis &*
quelques fallots les allumer promptement. *allumer falloz*

EST DEFFENDV aux Forains qui feront lors en la ville, de eux *Forains de-*
trouuer auant les ruës & places de ladite ville, ains demeurer en leurs *meureront   en*
hoftelleries ou ailleurs où ils ferót logez, fur peine de la vie: & eft ordon- *leurs logis.*
né à leurs hoftes de les aduertir de ladite Ordonnance, & ne les permet-
tre en forte quelconque fortir de leurs maifons efdits cas d'effroy ou
allarme.

EST ENIOINT à tous les Habitans Hoftelains apporter chacun iour *Hotelains*
à celuy qui eft commis les noms, furnoms, qualitez & demeurances de *porteront chacun*
tous leurs Hoftes, tant arriuez de ce iour que des iours precedens: & en- *iour breuet.*
core qu'ils n'ayent nuls hoftes, font tenus en apporter breuet chacun
iour, à peine de quatre efcus.

EST DEFFENDV à tous habitans retirer auec eux aucuns eftran- *Ne loger eftran-*
gers, leur bailler ouurage, ny leur loüer leurs maifons, ny partie d'icelles, *ger fans congé de*
fans le congé & confentement par efcrit de mefdits fieurs, à peine de *mefsieurs.*
punition corporelle, & de quarante-vn efcu deux tiers d'amende.

LEVR eft pareillement deffendu & à tous Forains d'eux trouuer de *Deffences d'al-*
iour & de nuiĉt fur les rempars & forterefses de ladite ville, & de y met- *ler fur les rem-*
tre paiftre aucun beftial, fans adveu de mefdits fieurs, à peine de dix ef- *parts.*
cus d'amende, ou autre plus grande peine fi le cas y eĉhet. *Et dy met-*
EST ENIOINT aux habitans portiers qui font adiournez à la Garde *tre beftial.*
des portes, d'eux trouuer en perfonnes armez & embaftonnez au bail
des clefs en la maifon de monfieur le Maieur, le long du iour à la garde *Portiers fe*
des Portes, & au rapport des clefs afsifter leurs chefs de portes fans pou- *trouueront   en*
uoir quitter ladite garde, ny s'en departir pour quelque caufe ou occafion *bail & au-ra-*
que ce foit fans permifsion du Chef, auquel eft tres exprefsement deffen- *port des clefz.*
du donner telle permifsion, n'eft pour caufe tres vrgente & necefsai-
re.

PARAVANT faire ouuerture de la porte, le Chef doit faire monter *Sera fait def-*
vn ou deux portiers fur les remparts, pour connoitre s'il y a affemblee *couuerte auant*
ou trouppe de gens aux champs. *ouurir la porte.*

AVANT ouurir le tappecul, doit faire fortir trois ou quatre de fes *Auant ouurir*
compagnons par le guichet pour aller découurir és enuirons de la porte *le tappecul fera*
B   *fait defcouurte*

aux champs,& aux maisons prochaines, pour doute des embuscades.

DOIT poser de deux heures en deux heures vne sentinelle de deux hommes armés & embastonnez à la premiere barriere du costé des champs, & vne autre de deux hommes á la barriere du costé de la ville, pour connoitre & interroger ceux qui entreront & sortiront, & si besoin est fermer hastiuement lesdites barrieres.

DOIVENT lesdits portiers tenir le long du iour le tappecul abbaissé, & ouurir le guichet, pour par iceluy faire entrer & sortir les gens de pied, & le leuer quand il en sera besoin pour le charroy,& les gens de cheual.

VISITERONT ceux qui entrent & sortent, & ne les permettront passer auec harquebuses, pistolets & autres armes prohibees, sans bons passeports, ou que ce soit quelque seigneur qui soit reconnu, & qui ne doiue par honneur estre recherché.

PRENDRONT garde soigneusement si les chartiers & autres qui voudront entrer seront point déguisez, & si sur le charroy y aura point quelques armes & munitions cachées : & est deffendu à toutes personnes faire entrer & sortir de la ville aucunes armes, cellement & en cachette, sans en aduertir les portiers, & auoir bons passeports.

PRENDRONT lesdits portiers leurs repas sobrement, la moitié d'entre eux pendant que les autres continuëront la garde, & par apres l'autre moitié quand les premiers seront rentrez en garde, pendant laquelle il demeureront tousiours armez & embastonnez.

ET quant au réveil il est ordonné que ceux qui y sont adiournez, se trouueront armez & embastonnez, & montreront aussi-tost que les portes se fermeront, où chacun se trouuera en personne : n'est en cas de ma-

ladie, abscence, ou legitime empeschement : esquels cas il seront tenus eux venir excuser à monsieur le Maieur, ou autres pour eux & presenter en leurs places hommes capables suffisamment armez desquels il demeureront responsables,& ne peuuent descendre dudit reueil que lesdits portiers ne soient arriuez pour ouurir la porte.

ET au regard des gens du guet, leur est enioint d'eux trouuer en personne à l'assiette du guet au logis de monsieur le Capitaine, ou son Lieutenant,lors que leurs dixiniers leur feront sçauoir, pour entendre à quel-le porte ou sentinelle ils sont posez & establis, afin d'eux y trouuer embastonnez à la fermeture de la porte, & d'où ils ne pourront descendre iusques au lendemain à l'ouuerture desdites portes : lesquels gens du guet doiuent faire ladite garde chacun à leur tour, sans aucun en excuser, soit pour maladie d'eux, ou de leurs femmes, ou pour leur absence : & esdits cas ledit sieur Capitaine, ou son Lieutenant, en doit mettre autres à leurs despens.

ET si aucuns contreuiennent à aucunes desdites Ordonnances, ils seront punis par mefdits fieurs de prifon, & d'amende arbitraire felon l'exigence des cas. *Punitions aux contreuenans.*

PAR Ordonnance d'Efcheuinage du 21. Février 1585. a efté ordonné que les habitans adiournez à la porte, qui feront en la ville, & ne s'y trouueront en perfonnes, payeront le fallaire du foldat, & leur part de la defpenfe; encore que lefdits deffaillans n'ayent accouftumé faire defpenſe quand ils s'y trouuent en perfonnes. *Les abfens de la porte payeront leur part de la defpence.*

AV REGARD de ceux qui feront abfens de la ville, ils payeront auffi leur part de la defpenfe, ores que au precedent ils n'en fiſſent aucunes: en laquelle toutefois fera compris le fallaire du foldat.

ET quant aux malades fans fraude feront quittes en payant le foldat tant feulement: mefdits fieurs entiers de punir d'amende arbitraire ceux qui negligeront d'eux trouuer en perfonnes à la garde des portes. *Les malades payeront feule-ment le foldat.*

POVR la feureté de la ville il eft deffendu par Lettres patentes du Roy de faire aucuns baftimens, murs ou murets, ny planter aucunes hayes ou arbres aux champs plus prez des portes de la ville que de cinq cens pas. *Ne baftir ne ne planter aux champs, plus pres des portes que de cinq cens pas.*

PAR Efcheuinage du 2. May 1585. a efté ordonné que lors que la garde fera commandee aux Priuilegez, tous les Priuilegez y feront compris, fauf cinq de chacune compagnie; à fçauoir les Maiſtres, Lieutenans, Prin-ces & Roys du Gay & du gafteau. *Tous priuilegez feront garde fauf cinq de chacune compagnie.*

Ordonnances qui concernent le faict de la Iuftice & expedition des caufes.

IL EST ORDONNE' que les plaids ordinaires fe tiendront les iours de Lundy, & Vendredy precifément à fépt heures du matin en temps d'efté, depuis le premier Mars iufques au pre-mier Septembre; & à huit heures precifémeut en hyuer de-puis le premier de Septembre iufques au premier Mars. *Iours & heures de tenir les plaidz ordinaires.*

ESDITS plaids ordinaires fe traiteront toutes caufes excedans vn efcu pour vne fois payer ou la valeur, & feront toutes les conclufions efdites caufes dreffees par les Procureurs, fans que les fergeans à maffe les puiſ-fent faire, fur peine d'amende arbitraire, *S'y traiteront des caufes de to. fols & au deſſus. Procureurs drefferont les conclufions.*

LESDITS Sergeans qui auront fait adiournemens pour feruir efdits plaids ordinaires, prefenteront au Greffe lefdites caufes, en dedans le iour prochain precedent l'affignation. *Sergent pre-fenteront au gref-fe lefdites caufes.*

Le Procureur de la partie demandereffe fera tenu foy cotter en dedans le iour de l'affignation, & le Procureur de la partie deffendereffe en de- *Les procureis*

des parties se cot-
teront.

dans le lendemain : autrement & á faute de ce faire par l'vn ou l'autre
desdits Procureurs, sera expedié deffaut ou congé à celuy qui le requerra.

Es causes per-
sonnelles les par-
ties seront oüyes
par leurs bouches.

SI la cause & matiere est personnelle, les deux Procureurs s'estans
cottez pour les parties, ils seront tenus faire comparoir lesdites parties au
prochain iour plaidoyable ensuiuant, pour estre ouyes par leurs bouches,
l'vne deuant l'autre, & les regler & appointer comme de raison, sans que
lesdits procureurs puissent entre eux tenir procedure esdites causes per-
sonnelles, ny bailler deffences ou autres pieces, que premierement icelles parties n'ayent esté ouyes par leurs bouches l'vne deuant l'autre, à
peine de nullité desdites procedures, & d'amende arbitraire.

ET à faute de comparoir par l'vne ou l'autre desdites parties audit
prochain iour plaidoyable ensuiuant le iour de la premiere assignation,

Sera donné def-
faut ou congé au
comparant.

sera donné deffaut ou congé à celuy qui le requerra & ioy presentera,
n'est qu'il y eust excuse legitime, comme de maladie ou absence.

Aux autres
causes les procu-
reurs prendront
procedures.

ET en toutes autres causes de l'ordinaire, où les Procureurs des autres
parties se feront cottez & presentez à la plaidoirie ensuiuante, seront
tenus prendre procedure, & ne s'en pouuans accorder prendront droict
par autre Procureur, & tiendront la procedure qui sera par luy auisee.

Procureurs pre-
senteront les cau-
ses vieilles sur
leurs feuilles.

AV REGARD des causes vieilles, lesdits Procureurs les presenteront sur leurs rooles & feüilles de papier entieres, sans bailler demies
feüilles, ce que leur deffendons, & au Greffier ou son commis les receuoir, sinon en feüilles entieres, pour estre reliees ensemble de trois mois
en trois mois.

Procureurs ex-
pedieront entre
eux, vne heure
parauant la sceã-
ce, des plaids :

LESQVELS Procureurs se trouueront en nostre auditoire vne heure
au precedent la sceance des plaids, pour entre eux expedier & prendre
procedure ordinaire & de Iustice és causes qui ne meriteront empecher
l'audience, sans y faire appeller telles causes.

Delaiz de sõmer
quelque habitant
sont de huisaine
& pour le forain
de quinzaine.

LES delais de sommer, ou de garand, seront de huitaine pour sommer quelque habitant, & de quinzaine pour sommer hors la ville & banlieuë : & ne seront donnez tels delais, n'est en affermant promptement
qu'ils le demandent sans fraude, & au iour du delay escheant, si sa partie
n'a fait aucune diligence en vertu d'iceluy, sera tenu proceder au principal, à peine de deffaut.

Iours & heures
pour tenir les
plaids sommiers.

QVANT aux plaids sommiers ils se tiendront comme il est de coustume par chacun iour ouurable à l'aprez midy à trois heures precisément
en temps d'esté, & en temps d'hyuer à deux heures.

De quelles cau-
ses y trateront.

ESDITS plaids sommiers se traiteront causes non excedans vn escu
& y seront ouyes les parties par leur bouche sans ministre de conseil.

Pouuoir des Se-
gens à masse esdites causes

POVRRONT esdites causes les Sergeans à masse dresser les conclusions des parties, ou faire leurs rescripts libellez, contenans la demande du demandeur, qu'ils seront tenus bailler tant au demandeur que au

deffendeur

deffendeur, conformes les vns aux autres en toutes choses: & obferueront efdits adiournemens & en tous autres les Ordonnances royaux, qui leur charge: de mettre les noms, furnoms, qualitez, & demeurances des parties, à qui ils auront parlé, & les noms de leurs records. & leur font faites deffences de faire à l'aprez midy aucús adiournemens pour lefdits plaids fommiers du mefme iour, ains les faire du matin à l'aprez midy, ou d'aprez midy au lendemain, à peine d'amende

AV premier adiournement és caufes de dix fols & au deffouz en vertu d'vn premier deffaut, fera le deffendeur condamné, prinfe l'affirmation du demandeur: n'eft que ledit deffendeur die moyens vallables pour ce empefcher en dedans le iour.

ET és caufes au deffus de dix fols & iufques à vn efcu en vertu de deux deffauts bien & deuëment obtenus, fera prinfe l'affirmation du demandeur, & le deffaillant condamné en la fomme contre luy pretenduë & és defpens; n'eft que en dedans le iour du fecond deffaut il die moyens vallables pour ce empefcher, & au payement fera contraint, nonobftant oppofitions ou appellations quelconques, & fans preiudice d'icelles, dont fera fait notte en la fentence.

LES caufes d'iniures & prouifionnalles s'expedient chacun iour à dix heures du matin, & à l'aprez midy à quatre heures precifement en noftre Auditoire, & non ailleurs, ny à autres heures.

TOVS differends concernans la police de la ville, Reglemens des meftiers & contrauentions aux Ordonnance d'icelle feront ouys & expediez fommairement à toute heure en la Chambre du Confeil.

COMME auffi doiuent eftre expediees à toutes heures les caufes des forains contre les habitans pour quelque fomme que ce foit, n'eft qu'il y ayt cedule, obligation, ou autre contract efcrit entre les parties: auquel cas, droict prealablement fait fur le garniffement s'il y efchet, la caufe & parties feront renuoyees aux plaids ordinaires, fi le deffédeur le requiert.

EN ladite chambre du Confeil fe doiuent expedier toutes tutelles, curatelles, declarations d'age & de Maiorité, par chacun iour à dix heures du matin, & à quatre heures de releuee precifement.

AVSSI tous adiournez à comparoir en perfonnes feront tenus comparoir en ladite chambre aux heures fufdites.

EN ce qui touche les plaids de la Preuofté de la ville, ils fe doiuent tenir chacun Samedy à huit heures du matin precifément, & s'il eft fefte le Samedy les doiuent tenir le Lundy enfuiuant à deux heures precifement parauant les plaids fommiers.

ET au regard de la confection des procez criminels, enqueftes, interrogatoires d'office, ou fuiuant l'Ordonnance, auditions, examens, ou reuifions de compte, taxations de defpens, & Iugemens des procez criminels

C

ou ciuils, ils se feront en nostre Auditoire, chambre criminelle, & en la chambre aux Maillarts, selon la commodité & empeschement qu'il y pourra auoir, sans aucunement en empescher ladite chambre du conseil.

Charge de Procureur Fiscal. EST ENIOINT au Procureur Fiscal se trouuer chacun iour en icelle chambre du Conseil à dix heures du matin, & à quatre heures d'aprez midy, & se trouuer aux plaids ordinaires sommiers, & de la Preuosté, pour entendre à la conseruation des droits & auctoritez d'icelle ville, & conclure pour les amendes qui s'offriront, à peine d'amende arbitraire.

Greffiers de la ville & Preuosté, ou leurs commis assisterôt aux plaics COMME aussi est enjoint aux Greffiers de ladite Ville & Preuosté, chacun en leur regard, d'eux trouuer, ou leurs commis ayans serment à court, aux plaidoiries dessusdites aux heures cy-deuant declarees, pour faire acte & expedition des Iugemens qui s'y donneront, à peine d'amende arbitraire.

Deuoir des sergës à masse. PAREILLEMENT est enjoint aux sergeans à masse sepmainiers qui deuront seruir és plaidoiries, de sonner le dernier coup des plaids, & d'assister au long desdites plaidoiries, comme ils sont tenus, à peine de vingt sols d'amende pour la premiere fois, qui doublera & quadruplera pour la seconde & troisieme fois.

Obserueront le reglement. AVSQVELS sergeans est enjoint garder & obseruer le present Reglement, & selon la distinction des causes & matieres faire les adjournemens aux iours, lieux & heures dessusdites, sur semblable amende que dessus.

Feront rapport au Greffe, du scellé des biens. LEVR est aussi enjoint quand ils auront fait quelque scellé des biens d'vn deffunt, d'en faire leur rapport au Greffe de la ville, pour en estre fait registre, & en bailler leur exploit au Procureur Fiscal de ladite ville en dedas le lendemain, ausquels leur est deffendu en bailler aucune mainleuee sans ordonnance que dessus, sur semblable peine que dessus.

Execueront les iugements en dedans le tiers iour. SEMBLABLEMENT leur est ordonné faire leur deuoir de mettre à execution les sentences & Iugemens qui leur sont baillez pour ce faire par les parties en dedans trois iours au plus tard : & s'ils procedent à la prinse & vendition d'aucuns meubles, leur est ordonné aussi tost dresser leurs exploits, & en rendre compte à leurs parties en dedans le tiers iour ensuiuant, à peine d'vn escu d'amende qu'ils seront tenus payer sans depart, dont sera deliuré la moitié à la partie qui en fera la plainte, & ce pour la premiere fois; pour la seconde de deux escus d'amende & de suspension de leurs estats pour six mois, & pour la tierce de priuation.

Porteront par escrit ce reglement. ET AFIN qu'ils n'en puissent pretendre cause d'ignorance, leur est ordonné leuer autant du present Reglement en dedans la huitaine, le lire souuent, & le porter ordinairement sur eux, pour nous le representer quand ils en seront par Nous requis, à peine de vingt sols d'amende.

Distribution de proces. AV SVRPLVS est deffendu aux Procureurs de distribuer par leurs

mains aucuns procez pour iuger à aucuns de Messieurs, ains leur est enjoint iceux mettre au greffe hors le temps de l'Audience des plaids, pour
estre distribuez à tels que Mesdits sieurs y auiseront.

SI est ordonné à l'Huissier ou sergeant à verge se trouuer chacun
iour à huit heures du matin, & aprez midy à deux heures precisement à
l'huis de la Chambre du Conseil, & s'y tenir tant que mesdits sieurs en
sortiront, & ne permettre que aucuns n'y entrent, sans leur permission,
s'ils ne sont du corps de ville, à peine d'amende arbitraire.

Deuoir de l'Huissier.

Deffences de tenir bordeau, brellants, tauernes, & autres Ordonnances, pour maintenir chacun en son deuoir.

EST DEFFENDV à toutes personnes tenir bordeau en
leurs maisons, ny soustenir auec eux femmes ou filles
de vie dissolute, sur peine de foüet & bannissement de
ladite ville & banlieuë.

AVSQVELLES femmes & filles dissolutes est enjoint
sortir la ville, sur semblable peine que dessus.

ET sont faites deffences aux habitans de leur loüer leurs maisons, ou
autres lieux, ou partie en ladite ville, à peine de quatre escus d'amende.

EST AVSSI DEFFENDV à toutes personnes tenir en leurs maisons
ou autres lieux brelans de jeux reprouuez, comme cartes, dez, bibelots, &
autres jeux de sort & hazard: ny soustenir aucuns à ioüer esdits jeux, ny
pour ce faire leur administrer cartes, dez, ny autres choses, sur peine de
prison & de punition corporelle, à la discretion de Iustice, tant contre les
Ioüeurs, Maistres des Ieux, que contre les regardans.

EST DEFFENDV aux habitans d'aller boire & manger aux tauernes, cabarets, & hostelleries, ny autres lieux de semblable condition, à
quelque iour, heure, ou pour quelque occasion que ce soit, directement,
ou indirectement, sur peine de prison, & de huit escus vn tiers d'amende,
pour la premiere fois, de seize escus deux tiers pour la seconde, auec punition de prison, & pour la tierce sur peine de punition corporelle, à la
discretion de Iustice.

ET aux tauerniers, cabaretiers, paticiers, hostelains, & autres personnes
de telle & semblable condition, de receuoir en leurs maisons iceux habitans, ne leur bailler ou administrer table, linge, pain, vin ne viande, en
quelque iour, lieu & heure, ny en quelque maniere que ce soit, sur peine
de huit escus vn tiers d'amende & de prison pour la premiere fois: pour

la seconde de quarante-vn escu deux tiers & de prison, & pous la tierce du foüet, & d'estre banny à iamais de ladite ville & banlieuë, comme perturbateurs du repos public.

Aux patis-
siers de vendre
viandes aux
habitans dans
les tauernes.

OVTRE est deffendu ausdits Paticiers de vendre leur viande aux habitans esdites tauernes, hostelleries & cabarets, sur semblable peine & amende que dessus,

Tauerniers
& autres n'au-
ront aucune
action , pour
despenses faites
aux tauernes.

ET DAVANTAGE ne pourront lesdits Tauerniers, cabaretiers, hostelains & paticiers auoir aucune action allencontre de ceux qui auront fait despence esdites tauernes, hostellerie & cabarets pour raison d'icelles despences, ny pareillement toutes autres personnes pour prests qu'ils pourroyent faire l'vn à l'autre esdites tauernes pour le payement desdites despences, encores qu'ils ayent tiré cedulles ou obligations desdits prests de leurs debteurs.

Trippotiers
ne receuront
enfans de fa-
mille.

EST DEFFENDV à tous Tripotiers & maistres de jeux de paulme, de receuoir, ny permettre ioüer en leurs ieux à quelque iour & heure que ce soit aucuns enfans de famille qui sont soubz puissance de pere, mere, tuteur, ou curateur, clercs, seruiteurs, vallets, manouuriers , & autres personnes mecaniques & de basse condition, ny leur bailler esteufs, racquettes , ny autres choses pour ce faire directement ou indirectement ; sur

Ny gens me-
caniques.

peine de huit escus vn tiers d'amende & de prison pour la premiere fois: pour la seconde de seize escus deux tiers & de prison, & pour la tierce du foüet & du bannissement de ladite ville.

Deffences aux
enfans de fa-
mille & autres
de ioüer és ieux
de paulme.

ET ausdits enfans de famille, clercs, seruiteurs, manouuriers , & autres de la qualité susdite, de ioüer esdits ieux de paulme , sur peine de prison & d'amende arbitraire, dont les peres, meres & tuteurs responderont, sauf leurs recours contre les maistres des ieux de paulme , qui sont tenus les en acquitter.

' Deffences des
danses public-
ques.

EST DEFFENDV à toutes personnes tant hommes, femmes que filles, de faire aucunes danses publiques auant les ruës à chansons, ny auec instrumens . & à tous habitans de permettre lesdites danses au deuant de leurs maisons & tenemens, & aux menestriers d'y ioüer de leurs instru-

Aux mene-
striers d'y ioüer

mens, le tout à peine de deux escus d'amende pour chacun d'eux & de prison, desquelles amendes les pere, meres , maistres & maistresses demeureront responsables par corps pour leurs enfans, seruiteurs & seruantes.

Deffences de
crocher.

EST aussi deffendu à toutes personnes grandes & petites de faire aucune assemblee publique auant les ruës, places, ny sur les remparts de la ville, pour y crocher ny s'y entrebattre à coups de poings ou autremēt

Ne s'entre-
batrca coups de
poings mahou-
nei.

les vns contre les autres: & mesme les émouuoir ausdits combats, ny de les suiure ny regarder, sur peine de prison & de quatre escus d'amende,

tant

tant ceux qui s'entrebatteront, que contre les crocheurs, & ceux qui les affisteront & regarderont : pour lesquelles amendes les peres, meres, maistres & maistresses respondront pour leurs enfans & seruiteurs.

EST ENIOINT à toutes personnes vacquer & trauailler aux estats & mestiers où ils sont appellez, sans estre oisifs & vagabonds auant la ville, sur peine de prison & d'amende arbitraire pour la premiere fois, pour la seconde d'estre menez aux galleres du Roy comme forsaires.　*Deffence d'estre oisif auant la ville ny vagabond.*

EST DEFFENDV à toutes personnes s'ils ne sont Gentils-hommes, ou Officiers de Iustice, de porter espee ny dague en icelle ville, sur peine de prison & de quatre escus d'amende.　*Deffences de porter espée ny dague.*

EST ENIOINT à tous ceux & celles qui vendent viures, denrees & marchandises à la mesure, au poids & à l'aune, d'auoir bonnes mesures, balances, poids, & aulnes marquees & justifiees en l'Hostel commun sur peine de confiscation & d'amende arbitraire.　*Ordonnances d'auoir bonnes mesures, balances, poids & aulnes iustifiéz.*

ET est deffendu à tous d'vser d'autre aulne que de l'aulne du Roy, sur semblable peine & amende.　*Inionction d'vser de l'aulne du Roy.*

Les deffences des tauernes & cabarets ont esté augmentees le 7. Nouembre 1555. & reiterees le 19. Nouembre 1568. comme appert par le regiltre noir de l'Hostel de Ville, commençant au iour S. Simon S. Iude 1565, fol. 28.

Ordonnances pour la reception des apprentifs & Maistres des mestiers.

IL EST DEFFENDV aux Maistres de tous les mestiers de ladite ville de receuoir & tenir en leurs maisons aucun apprentif plus de huit iours, sans le amener registrer en nostre Hostel commun, payer les droicts & faire le serment en la presence des Esgards, sur peine d'vn escu vn quart d'amende, & des dommages & interests desdits apprentifs.　*Aprentifs seront enregistrez en dedans huictaine.*

A QVOY est enioint aux Egards tenir la main & aduertir Messieurs des contreuenans.　*Les esgards y tiendront la main.*

S'IL aduient que l'apprentif quitte le seruice de son Maistre auant auoir acheué son temps d'apprentissage, est enioint au Maistre le venir declarer audit hostel commun, pour en faire notte au registre où ledit apprentif est registré.　*L'apprentif ne quittera le seruice de son maistre auant le temps.*

EST DEFFENDV aux Esgards desdits mestiers de bailler chefs-d'œuure à ceux qui voudront paruenir à la maistrise de leurs mestiers, sans nostre permission par escrit. Le tout en peine d'vn escu quinze sols d'amende.　*Esgards ne bailleront chef d'œuure sans permission.*

D

LEVR eſt deffendu faire payer aucunes deffences de bouche, ny receuoir aucun deniers , ny autres choſes de ceux qui voudront paruenir à
ladite maiſtriſe, ſinon les droicts à eux ordonnez par leurs brefs, encore
que volontairement il leur fut donné par les pretendans, à peine de re-
ſtitution, & de quatre eſcus dix ſols d'amende contre chacun d'eux.

EST DIFFENDV à tous leſdits Maiſtres de preſter aucune choſe à
leurs ouuriers pour conuertir en deſpence de bouche , ne ſouffrir leurs
ouuriers faire aucune deſpence en leurs maiſons, ſoit pour leur bien-
venuë ou autrement.

ET auſdits ouuriers de preſter les vns aux autres aucuns deniers pour
conuertir en deſpence de bouche, ne pour raiſon de preſt qu'ils feront à
cette occaſion l'vn à l'autre , prendre l'vn de l'autre aucunes cedulles,
ou obligations, ſur peine d'vn eſcu vn quart d'amende, & de perdition
de leurs preſts, pour leſquels leurs ſerons deniees toutes actions.

ET eſt ordonné, que leſdits Maiſtres ne ſeront receuz a la Maiſtriſe
deſdits meſtiers, ſinon au Bureau de la Chambre du Conſeil pardeuant
monſieur le Maieur, ou autre qui y preſidera depuis huit heures du matin iuſques à vnze heures, & non ailleurs, à autre heure ny autrement,
ſur peine de nullité & d'amende arbitraire.

Par ordonnance du 17. Avril 1573 au liure noir de l'Hoſtel de ville,
commence en l'an 1585. iuſques en l'an 1578. Nul ne peut eſtre receu
maiſtre Saiteur qu'il n'ayt atteint l'age de 22. ans.

Ordonnances pour la ſuperfluité des habits.

'VSAGE de ſoye en robbes eſt deffendu & interdit à
tous les habitans, ſauf & reſerué à ceux auſquels il eſt
permis par les Edicts du Roy.

EST deffendu à ceux qui portent habits de ſoye d'y
faire aucun enrichiſſement, ſinon de doublures qui ſe
pourront faire d'eſtoffes de ſoye, telles qu'elles viennent
du meſtier, & y mettre ſeulement vn bord d'icelle eſtoffe, ou d'autre
ſoye autour , & aux fentes , boutonnieres, & aux bandes de chauſſes y
pourront mettre paſſement & doubler icelles chauſſes d'eſtoffe de ſoye.

EST DEFFENDV à toutes perſonnes ſoyent hommes, femmes, ou
enfans d'vſer ſur les habillemens qu'ils portent d'aucunes bandes de
broderie, picqueures, ou emboutiſſemens, paſſemens, franges, houppes,
tourtils ou canetiles, bords ou bandes de quelque ſoye que ce ſoit, chai-
nettes ou arrierepoints, dont leurs habillemens ou partie puiſſent eſtre

couuerts ou enrichis, si ce n'est comme dessus est dit,

ET les habillemens qui ne seront d'estoffe de soye, comme camelots, draps, sarges, ou autres estoffes de laine & de poil, se pourront chamarrer & bander de passemens, cordons, ou estoffe de soye, sans toutefois mettre bord sur bord, ny bande sur bande de soye, mais vn seul arriere-point pour les coudre.

LE TOVT sur peine de cinquante escus d'amende pour la premiere fois, de cent escus pour la secode fois, & de deux cens escus pour la troisieme fois: la moitié aux pauures, & l'autre moitié aux denonciateurs, sans aucune remission, auec confiscation de l'habillement, moitié au denonciateur, & l'autre moitié aux sergeans, ausquels est deffendu sur peine de punition corporelle d'vser d'aucune insolence en l'execution de ladite Ordonnance.

ENIOINT aux Damoiselles residentes en ladite ville, garder & obseruer le contenu au dernier Edict, & si elles portent bordures d'or sur les coeffures, chaines à leurs cols, ou chapelets : Leur est deffendu y auoir aucun émail; bien pourront porter deuant elles des heures à coucouuercles d'or émaillees, ou non émalllées, y ayant pour le plus quatre pierres de pierreries aux quatre coins de chacun costé sur la couuerture desdites heures, ou vne bague ou pomme d'or émaillee à leurs doigts, anneaux & pierreries en or émaillé, ou non émaillé.

ET quant aux femmes à chaperon de drap, elles ne pourront porter qu'vne chaine au col, des patenostres, chapelets, ou dixains marquez de marques d'or non émaillé, & vne pomme au liure garnie de pierreries, iusques au nombre de quatre seulement, comme cy-deuant est dit, & des anneaux & pierreries en or émaillé, ou non émaillé sans exceder, sur semblable peine & confiscation que dessus.

Ordonnances pour la superfluité des viandes aux banquets, & nombre de personnes.

IL EST DEFFENDV à toutes personnes faire aucun banquet de nopces où ait plus de quarante personnes en table, à peine de cent escus d'amende.

EST aussi deffendu de faire esdites nopces banquets, festins, ou tables priuees plus de trois seruices: assauoir, les entrees de table, puis la chair ou poisson, & finalement l'issue. Que en toute sorte d'entrée, soit en potage, fricassee, & patisserie, n'y aura que six plats pour le plus, en chacun desquels n'y pourra auoir que d'vne sorte de viande, & ne se-

ront lefdites viandes doublees:comme pour exemple,ne pourront feruir deux chapons,deux lapins, & deux perdrix pour plat, mais feulement vn de chacune efpece:Quant aux poullets & pigeons fe pourront
feruir iufques à trois,vne douzaine d'aloüettes & de grives,beccaffines,
& autres oifeaux iufqu'à quatre,& ainfi des autres efpeces femblables.

ET quant à l'iffue de table, foyent fruicts,tartes,ou autres patifferies,
fromages, ou autre quelconque, n'y aura au femblable que fix
plats, fur peine aux infracteurs & contreuenans de foixante fix efcus
deux tiers d'amende pour la premiere fois,& de 133.liures vn tiers pour
la feconde.

Les assistans au banquet denonceront l'infraction.

QVE ceux qui auront efté en feftin, banquet, ou autre table & compagnie priuee,où fera enfrainte ladite ordonnance,feront tenus les venir denoncer en dedans le iour enfuiuant, à peine de treize efcus vn
tiers d'amende.

Les iuges & officiers fe departiront.

QVANT aux Iuges & autres officiers du Roy & de la ville qui fe
trouueront efdits feftins & banquets,où ladite ordonnance fera enfrainte,leur eft enjoint d'en partir incontinent, & d'en aduertir Meffieurs
promptement, pour en faire la correction exemplaire, fur peine où ils
auront vfé de conniuence ou diffimulation, de foixante-fix efcus deux
tiers d'amende,& de tous defpens enuers celuy qui auroit fait la pour-
fuitte pour auerer la faute.

Amende & punition contre les paticiers.

QVE les Cuifiniers & Paticiers qui auront feruy efdits banquets, feront pour la premiere fois condamnez en trois efcus vn tiers d'amende,& à tenir prifon quinze iours au pain & à l'eau : pour la feconde fois
l'amende & le temps de la prifon doubleront : pour la troifieme fois
fera l'amende quadruplee,& luy fuftigé & banny comme pernicieux à
la chofe publique.

Deffences de feruir chair & poiffon, à vn mefme repas.

EST DEFFENDV de feruir chair & poiffon à vn mefme repas,
fur peine de foixante-fix efcus deux tiers d'amende.

Ordonnances pour le danger de feu de méchef.

L'inionction de faire fouuent nettoyer les cheminées.

POVR obvier à tous dangers de feu, eft enjoint à tous les
habitans faire fouuent nettoyer les cheminees de leurs
maifons pour le danger du feu de méchef, à ce qu'il n'en
aduienne aucun inconuenient & effroy en ladite ville, à
peine de fix efcus d'amende, en quoy efcherra celuy où
le feu fe trouuera en la cheminee de fa maifon,qu'il fera tenu payer fans deport.

Les maiftres des puits communs les entretiendront de fouës & de sceaux.

ENIOINT à ceux qui ont charge des puits communs de les entretenir de fouës & de fceaux,à peine d'amende arbitraire.

EST

EST DEFFENDV à toutes perfonnes de faire mayes de fagots en leurs cours & iardins dedans l'enclos de la ville , à peine de huit liures tournois d'amende.

QVE les fours publics des Boullangers & Paticiers, & fourneaux des Braſſeurs & Tainturiers ne pourront eſtre faits proches des murailles ou pallis voiſins, ains fera delaiſſé ſix poulces d'interualle & terre vague entre leſdits fours & fourneaux & leſdites murailles & pallis, & que la maçonnerie deſdits fours & fourneaux portera: à ſçauoir celle des fours allendroit de la chauffe ſur pied & demy de haut, depuis lattre iuſques à la chappe,& celle des fourneaux depuis le bas iuſques à trois pieds & demy de haut, brique & demie d'eſpoiſſeur , qui reuiennent à douze poulces de ville;& depuis ladite hauteur de trois pieds & demy iuſques à l'aſſiette de la chaudiere huit pouces d'épeſſeur.

AV REGARD des forges, fournaiſes,& fours des meſnagers, ils pourront eſtre faits prez & joignant les murs ou pallis voiſins,& porteront d'eſpeſſeur douze poulces pour ceux qui feront contre les pallis ou fermeture de bois, & huit poulees pour ceux qui feront faits contre les murailles.

ET ſe feront toutes les chappes des fours tant publics que des meſnagers de l'eſpeſſeur du moins de huit poulces.

TOVTES leſquelles eſpoiſſeurs des fours publics & priuez,fourneaux & fournaizes feront faites & maçonnees par dedans les quatre poulces d'époiſſeur des thuilles & thuillots,& le ſurplus de bricques, & le tout bien & ſuffiſamment enduit & maçonné, à peine d'amende arbitraire,& de payer tous les deſpens,dommages & intereſts,que les voiſins pourroient receuoir,ſi le feu ſe prenoit en leur maiſon à cette occaſion. Et ſont faites deffences aux Maçons d'en faire autrement que deſſus,à peine de priſon & de quatre liures d'amende.

EST DEFFENDV aux habitans de faire couurir en l'enclos de ladite ville aucuns baſtimens d'eſteulle , herbe ou roſeaux , ny de rebrocher & reparer les anciennes couuertures d'eſteulles qui y ſont,ſur peine de deux eſcus d'amende tant contre eux, que contre les ouuriers, & d'eſtre le tout démoly & abbattu à leurs deſpens.

EST auſſi deffendu à tous de tirer d'arquebuze auant la ville, ſinon aux iardins communs à ce deſtinez,à peine d'amende arbitraire,

ET s'il aduient aucun feu de mechef en ladite ville, eſt enjoint aux charpentiers,maçons,couureurs, pailloteurs, braſſeurs, mariniers,& autres d'eux y trouuer promptement pour donner ordre à le coupper , & en garantir les voiſins le plus diligemment que faire ſe poutra.

EST pareillement enjoint aux Egards & ſeruiteurs des meſtiers , & autres qui ont la garde des ſceaux d'oziere & eſchelles qu'ils entretien-

E

D'apporter seaux & eschelles.

nent expressément pour s'en seruir audit feu de mechef, d'apporter en toute diligence lesdits sceaux & eschelles au lieu où est le feu.

De tirer & faire amas d'eau.

AVSSI est enioint aux voisins prochains du lieu où est le feu, de tirer eau, & en faire amas en tonneaux, cuues, ou autres vaisseaux emmy les rües pour s'en seruir à esteindre le feu.

De mettre lumiere sur rue & allumer fallots.

ET si le feu suruient la nuit est enioint aux voisins de mettre la lumiere sur rue, & à ceux qui ont fallots à leurs maisons de les allumer promptement, & se doit chacun rendre armé & embastonné sur les rempars, ou auant la ville en son quartier.

D'apporter les seaux eschelles & crocs de la ville.

ET doiuent les Maistres, Controolleur & valets des ouurages faire apporter au lieu où est le feu tel nombre d'eschelles, hocqs & sceaux d'oziere de la prouision de la ville qu'ils connoistront en estre besoin. Le tout à peine d'amende arbitraire.

Ordonnances pour tenir la ville nettement, & ob-vier au mauuais air.

Ballier & ietter eau à la deuanture des maisons.

IL EST ENIOINT aux habitans de tenir net le dedans & dehors de leurs maisons, & chacun iour parauant huit heures du matin faire ballayer la deuanture de leurs maisons, y faire jetter deux ou trois sallées d'eau, & amasser les immondices par monceaux, afin que les barrotiers les puissent plus aisemét charger en leurs bleneaux, à peine de vingt sols d'amende, que le deffaillant sera tenu payer promptement & sans deport.

Deffence de ballier es rües quant il pleut.

TOVTEFOIS leur est deffendu de ballayer esdites rües quand il pleut, & de chasser en bas les immondices pour obvier aux remplages des riuieres, esquelles est deffendu jetter aucunes choses qui les puissent remplir, à peine d'vn escu vn quart d'amende.

De ietter aucune chose es riuieres.

EST ENIOINT à ceux qui ont entreprins, & qui sont payez par la ville pour ballayer le grand marché, le petit marché, le marché de la belle croix, le carfour S. Martin, le marché aux volailles, la rüe S. Remy & les rües allentour de l'hostel de Ville, de faire leur devoir de ramonner diligemment & suffisamment lesdites places & rües, ainsi qu'ils sont tenus & obligez, à peine de n'estre payez, d'estre fait à leurs despens, & d'amende arbitraire.

D'aller les marchez, & Carrefours.

ENIOINT aux barrotiers aller le long du iour auant la ville pour charger les ordures & immondices qu'ils y trouueront amassées, & faire en sorte que la ville soit tousiours nette, sur peine de prison, d'amende arbitraire, & d'estre nettoyées à leurs despens.

Barrotiers yront le long du iour.

EST DEFFENDV aux habitans nourrir dedans l'enclos de la ville aucuns porcs, connils, oisons, annattes, pigeons, ne autre bestail engendrant infection, sur peine de confiscation & de six escus d'amende.

A TOVS Paticiers de jetter és rües les tripailles des connils, levraux chapons, oisons & volailles; ains leur est enjoint les aller jetter dessouz le pont de S. Michel, à peine de quatre escus d'amende.

AVX CHIRVRGIENS, le sang des malades qu'ils seignent.

AVX MARESCHAVX, le sang des cheuaux.

AVX HOVPPIERS, l'eau en quoy ils auront laué & lessiué leurs laines.

EST aussi deffendu à tous les habitans de jetter és rues par leurs fenestres vrines, ordures & infections, & de souffrir leurs enfans & autres de leurs ménages faire leurs necessitez esdites rues, sur peine d'vn escu vn quart d'amende.

A TOVS Gantiers, Tanneurs, & autres, de tenir en leurs maisons aucunes peaux puantes, lesquelles peuuent engendrer infection, ny mettre eshuyer aucunes peaux sur les rempars de la ville, sur peine de deux escus d'amende.

EST DEFFENDV aux Hortillons & Fienterons d'aller querir auec leurs charettes, bleneaux, ou broüettes aucuns fiens ou immondices, auant les rues, que iusques aprez quatre heures du matin : & de les mener en esté aprez six heures du matin, & en hyuer aprez sept heures.

IL leur est enjoint si tost qu'ils les auront déchargez sur la terrasse du bout du Don, au plus tard en dedans midy, les mettre dans leurs batteaux auec vne bande de toile, afin que aucune chose n'en tombe dans la riuiere, & les am mener où ils auront besoin sans les laisser plus long temps sur le flagard, sur peine de confiscation, & de 2. escus d'amende.

EST commandé à tous les Proprietaires des maisons à peine de dix escus d'amende, de faire faire latrines ou priuez en leurs maisons.

ET s'il y a aucunes maisons esquelles on ne puisse faire latrines, elles sont declarees inhabitables, & que ceux qui y demeurent seront tenus sortir, & à ce faire contraincts, & leurs biens jettez sur le carreau: sauf aux proprietaires de s'en pouuoir seruir de grange, sans y pouuoir mettre aucun loüager, que premierement il n'y ait fait latrine.

EST DEFFENDV aux habitants de loüer leurs maisons, ny partie aux mendians, ny en icelles les coucher ny receuoir, à peine de quatre escus d'amende applicable à la bourse des pauures.

ENIOINT à tous mendians, estrangers qui sont venus demeurer en cette ville depuis trois ans, sortir la ville, & eux retirer és lieux de leurs naissances, sur peine du foüet & de bannissement.

DEFFENDONS à toutes personnes tant habitans que forains, de mendier par les maisons ny par les Eglises, ne y enuoyer leurs enfans, sur peine de prison & de punition corporelle.

AVX habitans de leur donner l'aumofne à leurs huis, ny aux Eglife, à peine d'vn efcu d'amende applicable à la bourfe des pauures, eux
entiers, s'ils connoifent aucuns pauures honteux de leur enuoyer
l'aumofne en leurs maifons.

ENIOINT aux Marguilliers & feruiteurs des Eglifes d'empefcher
lefdits pauures de médier efdites Eglifes, fur peine d'amende arbitraire.

ET à tous fergens de prendre & amener en l'Hoftel de Ville ceux
qu'ils trouueront mendians, pour en faire punition, à peine d'amende
arbitraire.

ET fi la contagion & maladie de pefte eft en ladite ville, eft befoin à
tous ceux & celles qui font refidens és maifons où eft ladite maladie, &
autres qui font infectez, s'ils vont par la ville de porter en leurs mains,
& en euidence vne verge ou bafton blanc de la longueur de deux pieds
& demy du moins, & de laifser les maifons marquees d'vne grande

croix blanche l'efpace de fix fepmaines, à compter du iour que le dernier corps fera mort de la contagion en ladite maifon, en laquelle leur
eft enjoint faire le tout bien & fuffifamment ayrier durant ledit temps
de fix fepmaines, à peine de punition corporelle & d'amende arbitraire.

EST deffendu à tous de tranfporter ou faire trâfporter aucuns meubles hors des maifons où fera la contagion, fans permiffion par efcrit.

A TOVS fergeans & Prifeurs de faire aucune vente de biens à la
criée auffi fans permiffion par efcrit, ny mefler les biens des inuentaires,
ou ceux prins par execution auec autres meubles venans d'ailleurs, à
peine de priuation de leurs offices, & d'amende arbitraire.

A TOVS Frippiers, Viefiers, Reuendeurs & Reuerendeffes d'habits,
& à tous autres, d'expofer en vente aucuns licts, couuertures, linges &
habits où la pefte fe peut garder, ne tenir le marché à la viéferie, bouti-
que ouuerte pour vendre ou acheter en leurs maifons, ny mefme porter
vendre par les ruës lefdites hardes, en peine de confifcation & de vingt
efcus d'amende.

ENIOINT aux Medecins, Chirurgiens & Apoticaires, & à tous autres indifferemment qui auront connoiffance qu'aucuns foyent malades de ladite maladie de pefte, qu'ils ayent à en venir aduertir promptement Meffieurs, afin qu'ils y puiffent pourvoir pour le bien commun
de ladite ville, à peine de vingt efcus d'amende, ou autre plus grande, fi
elle y efchet.

Ordonnances pour le repos de la nuict auant la Ville.

IL EST ENIOINT à tous les habitans & aux forains d'eux retirer en leurs maisons & hostelleries incontinent aprez le son de la cloche qui sonne en temps d'hyner à sept heures du soir, & en temps d'esté à neuf heures; & leur est deffendu d'eux trouuer auant ladite ville aprez lesdites heures, à peine de quatre escus d'amende.

Deffences se trouuer au soir auant la ville apres le son de la cloche.

TOVTEFOIS si pour aucune necessité conuenoit qu'ils y allassent ou enuoyassent leurs enfans, seruiteurs ou seruantes, faire le pourront auec lumiere, sans neantmoins porter espee, dague ny autre baston, sur semblable peine & amende.

En cas de necessité l'on y pourra aller auec lumieres sans armes.

EST DEFFENDV à toutes personnes d'aller de iour ne de nuict masqué ne déguisé auant la ville, aux habitans de leur ouurir leurs huis ny les receuoir en leurs maisons: & quant aux Ioueurs d'instrumens d'assister lesdits gens masquez, sur peine de prison & de quatre escus d'amende pour chacun d'eux.

Deffences d'aller masqué. Ioueurs d'instrumens n'assisteront masques.

PAREILLEMENT de faire aucun bruit de nuict auant la ville, y faire danses publiques à chansons, ou auec instrumens, heurter indiscrement aux maisons des habitans, ne porter aucuns chaud'eaux aux noueaux mariez, en troublant le repos desdits habitans.

Deffence de faire bruict la nuict. De faire danses publicques.

EST DEFFENDV aux Feronniers, Mareschaux, Taillandiers, Serruriers, Forgeurs d'harpuebuses, Chauderonniers, Tonneliers, & à tous autres qui besongnent du marteau en leurs maisons auec bruit, qui peut empescher le repos de la nuit, de besongner desdits mestiers parauant quatre heures du matin, & aprez neuf heures du soir, à peine d'vn escu vn qnart d'amende.

Deffences à ceux qui besöignet du marteau, d'en besongner auant quatre heures du matin & apresneuf heures du soir.

SEMBLABLEMENT aux Hortillons & Fienterons d'aller querir auec leurs charettes aucuns fiens ou immondices auant les rues, ny auec leurs bleneaux ou broüettes, que iusques aprez quatre heures du matin, & de les mener en esté aprez six heures du matin, & en hyuer aprez sept heures, à peine de confiscation & de deux escus d'amende.

Ortillons & fienterons ne voituront deuant 4. heures du matin ny apres vn heures du matin.

ET pour tenir la main à l'obseruation desdites Ordonnances, & obuier qu'il ne se commette aucun malefice de nuict auant ladite ville, est enioint aux sergeans du Guet de nuict commencer leur Guet chacune nuict durant les mois de Nouembre, Decembre, Ianuier & Feurier à sept heures du soir, & en autre temps à neuf heures: à sçauoir quatre en la tour du pillory, & douze auant la ville, armez & embastonnez, & continuer leur Guet le long de la nuict, à peine de vingt sols parisis d'a-

Heurts ordonnées aux sergeans de nuict pour cõmencer leur guet & le con-

F

*tinuer le long
de la nuict.*

*Sergeans de
nuict arreste-
ront prisonnier
les contreue-
nans ausdites
deffences.*

*Deffences
de pescher du-
rant la nuict.*

*Deffences de
pigner fouyr
ny houer sur les
frecqs & fle-
gards.*

*N'exploiter
en la ville sãs
permission de
la ville.*

*Congez a de-
mander a la
ville pour be-
songner sur le
flegard & per-
mission de fai-
re four pubic.*

mende pour la premiere fois côtre chacun deffaillãt, de double amende
pour la secôde & de prison, & pour la tierce de priuatiô de leurs places.

ET sur semblable peine & amende leur est enioint saisir & arrester
prisonniers ceux qu'ils trouueront contreuenir ausdites Ordonnances
& deffences, & les mener à monsieur le Preuost, ou pour son empeschement au premier Escheuin pour en estre ordonné.

EST DEFFENDV à toutes personnes pescher la nuict auu riuieres
de ladite ville, sur peine de prison & de quatre escus dix sols d'amende.

Ordonnances pour les frocs & flegards és ruës & voiries communes, congez & droicts qui en sont deubs.

*Droicts deubz
pour les congez.*

PAR la Coustume localle de ladite ville, nul ne peut picquer, fouyr, ny hoüer les frocs & flegards en la terre & Iurisdiction d'icelle, n'en icelle exploiter sans le congé de mesdits sieurs, à peine de soixante sols parisis d'amende enuers ladite Ville.

PAR ladite Coustume nul ne peut en ladite ville faire
en sa maison & tenement aucun nouueau four public, assoir nouuelles
solles, sueil ou muret sur ruë, estat, venelle & huysserie àcellier, ruisseaux
& trauers à cheuaux sans licence de mesdits sieurs, à peine de dix sols
chacune fois, de soixante sols d'amende, & que les droicts seigneuriaux
pour ce deubs ne soyent payez.

Lesquels droicts sont tels qui ensuiuent:
A sçauoir de chacun four public vingt sols parisis.
D'vne nouuelle solle, sueil, ou muret, treize sols parisis.
D'vn estal, cinq sols parisis.
D'vne huisseire & entrée de cellier cinq sols parisis.
D'vne venelle à cellier cinq sols parisis.
D'vne autre huisserie pour bastiment treize sols parisis.
D'vn ruisseau cinq sols parisis.
D'vn trauers à cheuaux, vings sols parisis.

EN FAISANT lesquels fours publics les maçons les doiuent faire
auec telle espoisseur, & auec telle distance des voisins qu'il est porté
par l'Ordonnance de la Police ci-deuant registrée fol. au titre des Ordonnances, pour obvier au feu de mechef, aux peines y contenuës.

*Deffences
d'entreprendre
sur le flegard.*

*Prendre eschã-
tillon.*

EN ASSEANT & faisant nouuelle solle, sueil ou muret, ne peuuent
en façon quelconque entreprendre sur ledit flegard, à peine de soixante
sols parisis d'amende, & d'estre le tout abbattu & démoly à leurs despens. Et auant ce faite, se prennent mesures & eschantillons de la

contenance de leur terre par mesdits sieurs.

L'ESTAL se doit leuer & abbaisser, & ne doit entreprendre sur le flegard plus d'vn pied & demy sur pareille amende.

LA VENELLE à cellier, huisserie & entree de cellier, ny lés huisseries aux bastimens, ne peuuent pareillement entreprendre sur le flegard sur pareille peine & amende.

COMME aussi nul ne peut entreprendre sur le flegard & voirie publique sur les riuieres. Pour les saillies des maisons, ruisseaux, priuees ou latrines, ou puchoirs, ny faire caues & voutes souz le flegard, sur semblable peine.

QVANT aux trauers à cheuaux seruans aux Mareschaux, selon les endroits on aduise de les accommoder de la partie du flegard, pourueu que cela ne preiudice au public, ny aucun particulier, & se doiuent donner tels congez par l'Escheuinage.

LES huurelatz se permettent, pourueu qu'ils n'excedent deux pieds & demy de large, à compter depuis les solles & pied droict des maisons & qu'ils se leuent & abbaissent, & soyent attachez du moins à dix pieds de haut ; & ne se y doiuent attacher toiles ny autres choses qui puissent offusquer les boutiques, sur peine de soixante sols parisis, & d'estre abbattus & démolis à leurs despens.

NE se donnent congez de mettre appuye sur le flegard, sinon en lieu large & spacieux, & à personnes qui ont merité de la Republique & par Escheuinage.

EST deffendu aux habitans de mettre aucuns pots à violiers, ny faire iardinets en saillie sur la deuanture de leurs maisons, à peine d'vn escu vingt sols d'amende, pour obvier aux dangers qui en peuuent avenir.

DE mettre sur le flegard aucuns chesnes sinon és places à ce destinees, à sçauoir en la place du Vidame, en la rue de la porte de Paris, en la rue des Augustins du rang de l'Hostel de Contay, en la rue des Celestins du rang desdits Celestins, sur peine de confiscation & de quatre escus vn quart d'amende.

DE mettre aussi sur le flegard aucuns terraux sans congé, qui ne se donne qu'à la charge de les leuer, & faire mener sur les rempars en dedans vingt-quatre heures à peine de vn escu vn quart d'amende.

DE mettre aussi aucun fien sur le flegard, sinon sur la terrasse du bort du Don, & à la queuë de vache, à la charge de les leuer par chaun iour en dedans midy, à peine de confiscation & de deux escus cinq sols d'amende.

Eſtabliſſement des marchez auant la ville.

Marchez.

Au bled.

A l'Auoine.

Camamille.
Nauette.

Au cheſnuy.

Au pain.

Au vin.

Au beſtail.

Aux cheuaux.

Aux vollailles.

Au beurre fro-
mage mol
Oeufs.

Places aux
reuendreſſes de
beurre en pot &
fromage d'œufs
de lart de
fruicts de Ca-
reſme.

Marché aux
fruicts.

 E Marché au Bled eſt eſtabli au carfour de la belle Croix LE marché à l'Auoine & autres menus grains en la rue des Iacobins depuis l'huis de derriere de la groſſe Patenoſtre, iuſques à la maiſon du ſieur de Gliſy: ledit marché à l'auoine a eſté depuis transferé prez l'Egliſe S. Martin au bourg, en la place où eſtoit anciennement l'Hoſtel de Ville, par Eſcheuinage de 1599.

LE marché au cheſnuy, camamille & nauette au petit marché, deuant la Nef d'argent.

LE lieu eſtably pour vendre pain par les forains, ou par ceux des fauxbourgs eſt au grand marché deuant la maiſon du grand four iuſque au puits d'en bas.

L'ESTAPLE au vin eſt eſtablie au grand marché, ceux de Somme en haut deuant le piloris: ceux de Beauuoiſis depuis le coin de la rue des Orfévres en tirant à la poiſſonnerie ; & celuy de France, Auxerrois, Orleans & autres vins eſtrangers au milieu du marché.

LE marché aux bœufs, vaches, moutons, porcs & brebis, eſt eſtably en la place deuant l'Hoſtel de Monceaux prez l'eſcorcherie.

LE marché aux cheuaux eſt ordonné en la rue des Iacobins, depuis la Croix en venant à l'Hoſtel de Creuecœur. Depuis transferé en la rue de Beauuais au coin de la rue des Lirots & du four des champs.

LE marché aux volailles & cochons, eſt eſtably en la rüe de l'Hoſtel cōmun depuis le coing de la rüe ſainct Remy, iuſques en la rüe des Crignons du rang de la maiſon du Soüich. A eſté depuis transferé prez l'Hoſtel de Ville & S. Firmin en Chaſtillon deuant la maiſon de l'Auſtruche.

LE marché au beurre fraiz, fromages mols & œufs, pour les forains eſt ordonné en la rüe de la Drapperie. Depuis transferé au grand marché deuant le blanc Pignon.

ET pour les Reuerendeſſes de beurre de pot, fromages, œufs, enſemble le lart & fruicts de Careſme, il eſt ordonnè pour dix ſeulement au grand marché deuant le Miroir, hormis le temps des franches feſtes & octaues de S. Iean, qu'elles doiuent vendre au petit marché.

LE marchè aux fruicts pour les forains, eſt ordonnè en la rue du beau regard depuis la maiſonde M. Antoine Lenglez iuſquesà l'huis de derriere la maiſon du ſieur de Gliſi, du rang & le long du mur dudit ſieur de Gliſi. Depuis transferé deuant les feneſtres de l'Hoſtel de ville.

ET pour

ET pour les Reuerendereſſes deſdits fruicts, il eſt eſtabli au grãd marché depuis la Sereine en deſcendant en bas, hormis le temps des frãches feſtes, qu'elles doiuent vendre au petit marché.

LE marché pour vendre les porees, febves, raves, carottes, pernaiſes, concombres & autres legumes : pour les Hortillons, habitans ou forains eſt ordonné ſur l'eau des porees, au bout du don & au petit marché.

ET pour les Reuendereſſes deſdites poirees, febves & autres legumes, audit petit marche.

Comme auſſi ſe vend audit petit marché le feurre & le peza.

LE harench ſe vend autour du puits d'en bas du marché, par ceux qui ont prins place à loüage, leſquels auſſi & non autres, peuuent vendre ſur tablettes audit grand marché en petite eſtaple ſaulmon, moruës ſalees, harencs ſalez, & harencs ſors en caque.

LE Poiſſon d'eau douce des habitans poiſſõniers ſe vend audit grand marché en la petite eſtaple, au deuant de la maiſon de la Houſſe Gillet.

ET celuy qui eſt apporté par les forains ſe vend à l'huis de la poiſſonnerie de mer.

HORS & aſſez prez de la poiſſonnerie ſe vendent les huitres, moulles & hennons.

LA potterie qu'amenent les forains ſe vend au grand marché au milieu d'iceluy huit iours deuant & huit iours aprez la Feſte de la Natiuitê de monſieur S. Iean Baptiſte & la Decolation, & hors ledit temps doiuent vendre les forains ladite potterie entre l'Egliſe S. Fremin à Caſtillon, & le noueau baſtiment commencé aupres des halles, & non autrement ny ailleurs.

LE gros bois, fagots & les verges à iardiner & pailloiler ſe vendent au grand marché deuant les rouges chapeaux, hormis le temps des franches feſtes, qui ſe vẽdent au carfour S. Firmin à la porte. Depuis transferé en la grande rue S. Denis deuant la maiſon de M. Charles Gorguette.

LES eſchalats ſe vendent en la grande ruë S. Denis deuant la maiſon de M. Charles Gorguette Eleu d'Amiens.

LE charbon ſe vend en la grande place d'entre le beffroy & l'Egliſe S. Firmin en Caſtillon. Depuis transferé ruë des Iacobins.

LE marché & lieu ordonné pour vendre la laine graſſe eſt eſtably aux grandes halles au poids, & prez d'icelle du coſté de la conciergerie.

LA place pour vendre la laine en houppe eſt en la rue de Metz.

LA place pour vendre les peaux ſeruans à gantiers, eſt en la place du petit Cay. Depuis transferé au petit marché par Eſcheuinage du 25. Fevrier 1615.

LE marché pour vendre le fil de ſayette, eſt ordonné entre l'Egliſe S. Firmin en Caſtillon, les halles & les maiſõs de Sr. Philippe du Beguin

François Caron,& autres.

LE marchê au Lin, chanvre, pion & bouquet, eſt ordonnê au carfour S. Fremin à la Porte, & en la rue des Sœurs Griſes.

LE marché à la vieſerie auquel ſe vend auſſi le fil de lin, chanvre, pion & bouquet, & toutes ſortes de toiles eſt ordonné en la rue S. Marry depuis le derriere des halles deuant la maiſon de S. Henry, en deſcendant en bas.

LE marchê au bois ſoyè eſt ordonnè en la rue des Rabiſſons, depuis le coin des Cordeliers iuſques au logis du ſieur de Behencourt, le long des murs dudit Conuent des Cordeliers. Depuis transferè au coin de la rue des Iacobins au derriere de la Patenoltre & de l Aue Maria.

LES lieux ordonnez pour deſcharger les cheſnes ſont eſtablis en la rue de la porte de Paris, en la rue des Auguſtins du rang de l Hoſtel de Humiere, en la rue des Celeſtins, du rang des Celeſtins, du coſtè des Celeſtins, en la place du Vidame.

LE lieu ordonnè pour tuer les groſſes beſtes, eſt en l'eſcorcherie prez le marchè au beſtial, où generallemēt les bouchers ſont tenus aller tuer.

Ordonnances qui concernent la vente & reuente des Grains.

DEFFENCES ſont faites à toutes perſonnes d'aller ou enuoyer au deuant de ceux qui amenent grains en la ville, & d'en acheter ailleurs qu'aux marchez ordinaires, & aux heures cy aprez declarees, à peine de conſiſcation & de quatre liures dix ſols d'amende.

IL eſt deffendu à toutes perſonnes de s'entremettre de reuendre grains ſans eſtre enregiſtrez, & auoir permiſſion, à peine de conſiſcation des grains & d'amende arbitraire.

TELLES permiſſions ne ſeront donnees à Laboureurs, perſonnes nobles, Officiers du Roy, ou principaux Officiers des Villes.

TELS Reuendeurs, ne pourront faire achept de grains dans la ville, ny plus pres icelles que deux lieuës, à peine de conſiſcation & de 4 l. liures d'amende.

NE pourront achepter grains, en vert ne par arrement, auant la cueillette à peine de deux cens huiêt eſcus vn tiers d'amende, & de punition corporelle, ſi le cas y eſchet.

CEVX qui tiennent terre, à ferme ne pourront garder les grains plus

de deux ans, outre la prouifion de leur maifon à peine de confifcation, &
de 41. liures vn tiers d'amende.

Fermiers ne
garderont
grains plus de
deux ans.

Marché au bled.

E marché au bled, eft eftably au carfour de la belle Croix,
& doibt commencer precifément à dix heures & ceux qui
y ont bled ouurir leurs facs, fans oilayer dauantage, fur peine de quatre liures dix fols d'amende.

Lieu & heure
du marché au
bled.

NE peuuent les forains porter leurs grains vendre és maifons parti-
culieres ains leur eft enioint le porter droit au marché, foit qu'il arriue
par batteau charroy ou autrement.

LES boulengers, paticiers, vendeurs d'empoife, pains d'efpices, &
de farine & ceux qui reuendent pain au marché, ne peuuent eux trouuer ny approcher du marché, auparauant douze heures, de midy & les
forains auparauant, vne heure de releuée, à peine de deux efcus 5. fols
d'améde afin qu'auparauant lefdites heures les autres habitans s'en puiffent pouruoir.

Heure aux
boulengers &
autres, & aux
forains d'ache-
ter bled.

LES feftetiers ne peuuent achepter bled, ny autre grain pour eux ny
pour autruy, finon pour leur prouifion, & n'en peuuent reuendre n'eft
qu'il procede de leur reuenu,à peine de confifcation & de 16. efcus deux
tiers d'amende.

Seftetiers n'a-
chepteront bled
n'autre grain
n'en peuuent
reuendre.

C'ELLVY qui vend fon grain, ne peut vfer de defguifement, &
mettre du meilleur grain au deffus qu'au fond de fon fac a peine de confifcation & de deux efcus 5. fols d'amende.

C'ELLVY qui aura declaré le prix de fon grain ne le pourra par apres
rencheri & fera tenu le vendre au pris qu'il l'aura laiffé à peine d'a-
mende arbitraire.

Le pris du
grain ne fera
rehauché ny
renchery.

TOVS grains expofez en vente feront vendus au premier ou fecond
marché, & s'il vient au troifiefme il fera vendu au rabais.

Grains feront
vendus au
premier ou fe-
cond marché.

LE boulenger ne pourra achepter a vn marché plus d'vn muid de
bled, & le paticier plus de fix feftiers à peine de confifcation & de quatre
efcus dix fols d'amende.

Combien le
boulenger & le
paticier peuuét
achepter de
bled en vn
marché.

Marché à l'Auoine.

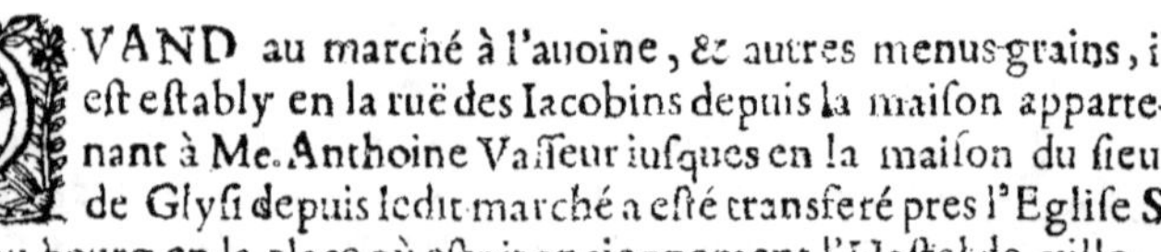

QVAND au marché à l'auoine, & autres menus grains, il est estably en la ruë des Iacobins depuis la maison apparte-nant à Me. Anthoine Vasseur iusques en la maison du sieur de Glysi depuis ledit marché a esté transferé pres l'Eglise S. Martin au bourg en la place où estoit anciennement l'Hostel de ville.

ET commence depuis Pasques iusques à la S. Remy a huict heures du matin & depuis la S. Remy iusques à Pasques à neuf heures, aus-quelles heures, tous les sacs se doiuent ouurir a peine de 4. escus dix sols d'amende.

TOVS hostelains, brasseurs marchands, loueurs de cheuaux, rouliers calendriers & musniers, ne se peuuent trouuer audit marché ny y mar-chander ou acheter auoyne ou autres menus grains parauant dix heures du matin & les forains parauant vnze heures, a peine de deux escus cinq sols d'amende afin que les autres habitans s'en puissent pouruoir aupa-rauant.

TOVS reuendeurs de grains ne peuuent resider en ladite ruë des Ia-cobins, depuis la ruë neufue qui conduit en la rüe du Beauregard, iusques en la maison dudit le Vasseur, pareillement, au carfour de la belle Croix, depuis le coing de Adã & Eue iusques audit marché a l'auoine, ny depuis l'hostellerie S. Iulien iusques au coing des Cordeliers à peine de huict es-cus vn tiers d'amende.

ET sont faites deffences a ceux qui demeurent esdits endroits de s'en-tremettre de reuendre aucuns grains sur pareille amende que dessus.

LES reuendeurs de farine doiuent reuendre la farine à la mesure du sestier, demy sestier, picquet, ou demy picquet, ou bien à la mesure du pot, lot, demy lot, & la pinte à la ceruoise & non à autre mesure à peine d'amende arbitraire.

ET au regard du marché au Chenuy, nauette, camamille il est esta-bly au petit marché deuant la nef, d'argët & peut chacun achepter desdits grains a toutes heures.

LES habitans ayans grains de muisons les peuuent receuoir en leurs maisons & greniers à la mesure & espal qu'ils en auront sans pour se ap-peller ny auoir la mesure des mesureurs seteliers.

LES habitans ou forains vendans grains en ladite ville, sont tenus ap-peller les festeliers pour en faire la mesure, & leur payer les droits tels que huit deniers pour muid mesure d'Amiens du plus ou moins à l'equi-polent.

LESQVELS

LESQVELS festeliers, moyennant le salaire susdit, sont tenus faire le mesurage desdits grains , leuer eux mesmes la mesure plaine de grains, & les jetter & mettre és sacqs des achepteurs , sans qu'autre qu'eux soient tenus leuer ladite mesure & grains.

IL est deffendu à toutes personne d'aller glenner aux champs, auparauant que le grain soit leué & mis en diseaux ny auparauant le soleil leué, ny apres soleil couché, mesmes de porter aucuns rateaux , pour glenner à peine de prison, de 60. sols parisis d'amende & autre plus grande amende si le cas y echet, & des dommages & interests des parties.

PAR ordonnance du dix-septiesme Ianuier 1578. au liure noir il est porté que le festier d'auoine doit contenir douze picotins , & non plus.

Espal du pain.

AR les Espals du pain faits depuis cent cinquante ans , il se trouue que par annee commune en vn setier de bled, il y a vingt cinq liures de pain blanc, & seize liures de bizette & ainsi le prix du pain doit estre selon le prix du bled, comme il s'ensuit.

LE son qui en prouient vaut ordinairement la sixiesme partie pour le moins, outre ce qui prouient de la vente de la braise , & des cendres des fourniers.

A douze sols le setier de bled, le pain blanc du poids d'vne liure se doit vendre quatre deniers,& la bizette d'vne liure trois deniers.

A seize sols le setier , la liure de pain blanc cinq deniers,& la bizette quatre deniers.

A vingt sols le setier, le pain blanc six deniers & la bizette 5. deniers.

A vingt-six sols le setier, le pain blanc huit deniers. & la bizette 6. den.

A trente-deux sols le setier le pain blanc dix deniers,& la bizette 8. d.

A quarante sols le setier le pain blanc douze deniers,& la bizette 10. d.

A quarante huit sols le setier le pain blanc 14. d. & la bizette 12. den.

A cinquante-cinq sols le setier, le pain blanc 16. d. & la bizette 14. d.

A soixante trois sols le setier le pain blanc 18. d. & la bizette 16. d.

A soixante-dix sols le septier, le pain blanc 20. d. & la bizette 18. d.

A quatre liures le setier le pain blanc 22. d. & la bizette 20. d.

A quatre liures cinq sols le setier , le pain blanc deux sols & la bizette vingt deniers.

NOTA, que ledit espal du pain est au liure noir des Ordōnances de Police de l'Hostel de ville fol. 128. & au fol. 129. est le procez verbal dudit espal du 5. Nouembre 1578.

Procez verbal de l'Espal du pain fait le cinquiesme Nouembre 1578.

E Mercredy 5. iour de Nouembre 1578. sur la requeste des Maistres Boullangers de la ville d'Amiens, & du Procureur Fiscal deladite ville, a esté ordonné par Messieurs les Maieur, Preuost & Escheuins d'icelle ville, que l'on tera vn espal d'vn setier du meilleur bled nouueau que l'on pourra recouurer, en la presence de deux Escheuins, du Procureur Fiscal, & du Greffier de ladite Ville, de Pierre de Franqueuille & Iean de Sainte-Marie Boullangers, nommez de la part desdits Maistres Boullangers, pour sçauoir au certain combien il en prouiendra de pain blanc & bizettes, afin d'y mettre pris & poids, & s'en seruir à l'avenir ; & suiuant ce a esté pris & mesuré par Antoine Cressen sestelier, en la presence de sire Iaspar Foüache Escuyer sieur de Boullan ancien Maieur & de present Escheuin, Iacques Couureur aussi Escheuin, M. Antoine Bar Procureur Fiscal, Nicolas de Lessau Greffier d'icelle ville, desdits de Franqueuille, & de Sainte-Marie Boullangers, vn setier de bon bled mesure d'Amiens pris en celuy dudit Sainte-Marie, qu'il a affermé auoir acheté à raison de dix-neuf sols le setier depuis quinze iours, disant que le pareil vaut auiourd'huy vingt sols auant le mettre dans le sac, iceluy sac a esté pezé & trouué pezer deux liures vne onces & demie, & le poids fait du sac & du bled ensemblement ont esté trouuez pezer cinqante-neuf liures vn quarteron: ce fait a esté porté au moulin du Durlame & à Iean Forestier musnier, promis par serment solemnel en faire bonne moulture pour faire pain blanc, & qu'il n'y commettra aucune fraude, & ayant en iceluy pris son droict de moulture en nature, tel que d'vn seixiesme, a esté moulu audit moulin, puis la farine remise au sac, & a esté trouuee pezer auec le sac cinquante-cinq liures & demie, sans y comprendre ledit droict de moulture pris en nature, en sorte que le poids de la farine est reuenu au poids du bled ou bien peu s'en faut; & ayant la farine esté bulletee par lesdits Boullangers, partie pour faire pain blanc, & partie pour faire bizettes, en est resté demy setier de son en valleur de trois sols six deniers, & de la farine en ont esté pannetez par lesdits Boullengers le lendemain sixieme iour dudit mois cinquante-vn pains blans qui ont esté trouuez pezer ensemblement vingt-cinq liures, qui reuiennent enuiron à sept onces & demie piece cuits & rassis: plus trente bizettes pezant ensemble seize liures & vn quarteron qui reuiennent enuiron à huit onces & plus: de maniere que vendans lesdits pains blancs & bizettes du poids dessusdit, à raison de trois deniers piece, ledit setier de bled conuerty en pain reuiendroit à vingt-trois sols neuf deniers, compris trois sols six deniers pour le son. Sur quoy faut prendre l'achapt du bled, bois de la cuisson, façon & autres fraiz, dont sur la requeste dudit Procureur Fiscal a esté fait ce present acte, de l'ordonnance desdits Escheuins, lesquels ont esté presens à ce que dessus, & auec eux ledits Procureur Fiscal, Greffiers & Boullengers desdits nommez les iour & an dessusdits.

Veu par Messieurs l'acte de l'espal cy-dessus en l'Escheuinage, ledit 6. Nouembre, ils ont ordonné que a l'aduenir les boulengers feront le pain blanc du poids de sept onces, & la bisette, de huict onces & demie, & qu'ils le vendront à raison de trois deniers piece, & que ce reglemeut, poids & prix aura lieu pour l'aduenir le bon bled, vallant vingt sols le sestier, comme il fait à preset.

Ordonnances pour le faict du pain.

Permissions à toutes personnes de vendre pain bis.

IL EST PERMIS aux Boullengers, & à toutes autres personnes faire & vendre pain bis en ladite ville, à tels prix qu'ils pourront, pourveu qu'il peze deux liures, & qu'ils soient bien faits & pãnetez, sujets à regardise, & n'en peuuët faire à moindre prix, à peine de deux escus cinq sols d'amende. Et peuuent lesdits Boullangers vendre ledit pain en leurs maisons & au grand marché, & les autres audit grand marché seulement.

Pain bis poisera deux liures.

Pain bis se vendera au grand marché.

QVANT au pain blanc & la bizette les doiuent faire les Boullangers du poids & du prix qui leur est ordonné, selon le taxe qui y est mis, & sont tenus les auoir cuits chacun iour à sept heures du matin, ne les peuuent chapeller s'il ne leur est commande, & sont tenus auoir balances & poids à toutes heures à leurs estaux, pour y pouuoir pezer lesdits pains blancs & bizettes par ceux qui les acheteront, à peine de deux escus cinq sols d'amende pour la premiere fois, pour la seconde de quatre escus dix sols, & pour la tierce du fouët & de bannissement.

Pain blanc & Bizettes auront poids & pris.

Seront cuits, à sept heures, du matin.

Balances aux estats des boulengers.

EST DEFENDV à toutes personnes d'acheter en ladite ville, fauxbourgs & banlieuë aucuns flans & nourolles, pour les y reuendre & regratter, sur peine de deux escus cinq sols d'amende, & de confiscation.

Deffences de reuendre flans & nourolles.

IL EST aussi enioint aux Boullengers de marquer le pain blanc & bizettes qu'ils exposeront en vente de leurs marques ordinaires, à peine de deux escus cinq sols d'amende.

PAR odonnance du 17. Octobre 1642. il est permis de vendre gateaux, flans & nourolles par les façonniers en passant par les ruës, en allant de leurs maisons au marché, sans qu'ils se puissent arrester & estaller ailleurs que au grand marché, lieu ordinaire destiné pour la vente d'iceux.

Gasteaux flãs nourolles.

Ordonnance pour l'Estaple & vente des vins, tant en gros qu'en detail.

Mecaniques & artisans & ceulx qui manient poil & gresse, ne venderont vin.

DEFFENCES sont faites à tous gens de mestier, mecaniques & artisans, & a tous lesquels en exercice de leurs estats manient poil & gresse, de se mesler de marchandise de vin, & d'en reuendre en destail, n'est qu'il procede de leur creu à peine de confiscation, & de deux escus d'amende.

PAREILLEMENT, deffences à toutes personnes de errer ny faire aucuns achapt des vins, qui sont sur le sep en la cuue, ny au pressoir, sur peine de confiscation, perte de deniers aduancez, & de deux escus d'a-mende.

DEFFENCES à tous les habitans, de vendre ou faire vendre directe-ment ou indirectement, aucuns vins, en l'estaple en gros ou en destail, à peine de huict escus vn tiers d'amende & de confiscation.

L'HEVRE de l'estaple au vin, commence à dix heures & n'est permis à aucun parauant, ladite heure de percer gouster, marchander, ny achepter les vins, à peine de deux escus cinq sols d'amende.

LES forains, ny pareillement les hostelains, tauerniers, cabaretiers & autres vendans vin, ne peuuent eux trouuer dedans l'estaple, tater, marchander, ny achepter vin, ny pour eux parauant douze heures de midy, à peine de deux escus cinq sols d'amende, suiuant l'arrest de la Cour de Parlement.

LES vins amenez en l'estaple doiuent estre deschargez, & rangez és endroits a coustumés, chacune sorte de vin à part selon le creu à pei-ne d vn escu vn quart d'amende & de confiscation, à sçauoir les vins de Somme sur le haut du marché vis à vis du pilorys.

LES vins de Liencourt, & Beauuoisis depuis le coing de la ruë des Orfeures, & celuy de la ruë sainct Germain, iusques à la poissonnerie de mer.

ET les vins de Paris, Auxerrois, Orleans, d'Ay, Soissonnois, & autres vins estrangers au milieu du marché, entre ceux de Somme & de Beau-uoisis, & entre iceux doibt estre laissé vne voye de dix pieds, de large à quoy l'estapleur, & les Courtiers de vins, doiuent tenir la main, à pei-ne d'vn escu vn quart d'amende.

LES Iaulgeurs sont tenus marquer à la verité les poinçons de vin, le Iaulge & contenance d'iceux, ores que le vin, soit vendu ou non, & en ce vser de telle diligence, qu'ils ayent marqué & iaulgé tout le vin qui est en l'estaple, parauant l'ouuerture d'icelle à douze heures, à peine d'vn escu vn quart d'amende.

DEFFENCES sont faites aux Courtiers de vin d'acheter ou faire acheter pour eux par persónes interposees aucuns vins en l'estaple pour les regratter & reuendre en icelle, ny en autres lieux, à peine de huict escus vn tiers d'amende, & de confiscation.

COMME aussi sont faites deffences à toutes autres personnes, sur semblable amende & confiscation d'acherer vin en ladite estaple, pour par aprez le y reuendre, ou faire reuendre directement ou indirecte-ment, ains est enioint transporter hors l'estaple le vin qui y est acheté en dedans vingt-quatre heures aprez au plus tard.

TOVS vins estaplez ne peuuent estre leuez & menez hors l'estaple

qu'ils

qu'ils ne soient premierement vendus, & que les registres des Fermiers n'en soyent chargez, à peine de confiscation & de huit escus vn tiers d'amende.

SONT faites deffences à tous les habitans de prendre en garde des forains les vins qui auront esté estaplez, ne leur permettre en sorte que ce soit de les pouuoir mettre en leurs maisons, caues & tenemens, à peine de huict escus vn tiers d'amende,

SI les forains amenans vins en la ville, le deschargent en quelque maison, caue ou celier seront tenus les vendre esdits lieux, sans les pouuoir par aprez vendre en l'estaple, à peine de 4. escus dix sols d'amende.

LES Vinaigtiers ne se pourront entremettre de remplir les vins dans l'estaple, tant au precedent qu'aprez la vente, à peine de quatre escus dix sols d'amende.

EST DEFFENDV à toutes autres personnes, tant habitans que forains, de remplir les vins en l'estaple aprez qu'ils y seront venus, & est enjoint ausdits vendeurs de les remplir sur les chantiers aux caues des acheteurs: pour le regard des vins achetez par les habitans, & quant à ceux que les forains acheteront pour estre menez hors la ville, le remplage se fera sur les chariots, ou dedans les bateaux, & non ailleurs, à peine de quatre escus dix sols d'amende, encores qu'il ayt esté autrement conuenu entre les parties, au preiudice du priuilege des habitans.

LES traiteurs, broutiers, & autres personnes ne peuuent transporter les vin hors de l'estaple, aprez la cloche aux ouuriers sonnee, & sans auoir le breuet des Fermiers, mesmes ne peuuent demeurer & sejourner audit marchè aprez le son de la cloche, à peine de quatre escus dix sols d'amende.

LES Hostelains, Tauerniers, Cabaretiers, & autres vendans vin à detail, ne peuuent vendre leur vin à plus haut prix qu'il est porté par le taxe qui y est ordonné, à peine de quarante escus d'amende pour la premiere fois, qui doublera & quadruplera pour la seconde & 3e fois.

LEVR est aussi deffendu exposer vin en vente à detail, qu'ils n'ayent en premier lieu apporté l'assor de chacune piece en l'Hostel commun, pour y mettre le prix selon la bonté d'iceluy, à peine d'vn escu vn quart d'amende, suiuant la Coustume generalle du Bailliage d'Amiens, & l'Arrest de la Cour de Parlement sur ce interueou.

LE prix de leur vin leur estant baillé, ils sont tenus attacher à l'entrée de leur maison, ou sur ruë en lieu eminent vn escriteau en grosse lettre lisible, qui contiendra le crû & le prix du vin qu'ils venderont, sans y faire fraude, déguisement ou abus, à peine de dix escus d'amende.

LEVR est enjoint souffrir entrer en leurs caues les personnes achetans vin qui y veullent entrer, pour le voir tirer & mesurer, à peine d'amende arbitraire.

I

Vin se peut renuoyer aux tauernes, & r'auoir l'arget.

PEVVENT les habitans qui auront enuoyé querir du vin esdites tauernes renuoyer ledit vin, au cas qu'il ne soit bon & semblable à celuy de l'afor, & sont tenus les tauerniers le reprendre, & leur rendre l'argent, à peine d'amende arbitraire : & pour la faute qu'ils commettent en ce faisant, ils eschéent en deux escus cinq sols d'amende.

Caues separées pour mettre vins de diuers creus.

EST ENIOINT ausdits Tauerniers auoir caues separees, pour mettre leurs vins de diuers creux, & leur est deffendu de mettre en vne méme caue les vins de Beauuoisis & de Somme, auec les vins François, Auxerrois, Soissonnois, & autres bons vins, à peine de dix escus d'amende.

Vin nouu'au reposera quinze iours parauant la vente.

NVL vin nouueau ne peut estre vendu qu'il n'ait reposé du moins quinze iours sur les chantiers, à peine de quatre escus dix s. d'amende.

Vin vendu sera leal & non mixtiouné

NVLS hostelliers ny tauerniers ne doiuent vendre vin s'il n'est bon, & loyal digne d'entrer au corps humain, & ne les doiuent broüiller ny mixtionner en sorte quelconque, à peine d'estre tirez de leurs caues, & espandus sur le paué au deuant de leurs maisons, & d'amende arbitraire, & d'iceux doiuent les Egards dudit estat souuent faire visitation, & en faire rapport à l'Hostel de Ville pour y pouruoir.

Hostelains & tauerniers n'auront Eau de vie.

LEVR est aussi deffendu d'auoir & tenir en leurs maisons de l'Eau de vie en quelque endroit pour quelque cause & occasion que ce soit, à peine de confiscation & d'amende arbitraire.

Payeront les droicts à la ville.

NVLS hostelains ny tauerniers ne peuuent exercer lesdits estats, sans estre inscrits & enregistrez audit Hostel de ville, & sans auoir payé les droicts pour ce deubs à ladite Ville, & presté le serment en tel cas requis, à peine de quatre escus dix sols d'ameude, âquoy est enjoint aux Egards tenir la main.

Egards y tiendront la main.

Ordonnances pour la Biere.

Faire bonne biere. La vendre le prix y mis.

EST ENIOINT aux Brasseurs faire bonne biere, & y mettre nombre de grains en suffisance, & leur sont faites deffences de la vendre à plus haut prix que le prix qui y est mis, ny les reuendeurs pareillement, à peine de quatre escus vn tiers d'amende.

Ne brasser bremart.

EST deffendu aux Brasseurs de brasser & vendre bremart, & à tous Cabaretiers d'en vendre à detail, sur semblable amende & confiscation.

Mesures seront fenduës par haut & marquees.

LEVR est enjoint auoir bonnes mesures fenduës par en haut de la hauteur d'vn doigt, marquees & iustifiees à l'Hostel commun, sans vendre la biere à la mesure au vin, à peine de deux escus d'amende.

Ordonnance pour la volaille.

E LIEV ordonné pour vendre les volailles est à present estably en la grande ruë de l'Hostel de Ville, depuis
la ruë S. Remy iusques à la ruë des Crignons, du rang de
la maison du Soüich. Depuis ledit marché a esté transferé prez l'Hostel de Ville du rang de l'Austruche.

DEFFENCES sont faites aux Paticiers d'aller ou en-
uoyer au deuant de ceux qui amenent volailles en la ville, ny les acheter en leurs maisons ny ailleurs que audit marché, & d'eux y trouuer ny
en approcher en façon quelconque parauant dix heures du matin, à peine de quatre escus d'amende, & de confiscation des volailles. Par Escheuinage du 22. Septembre 1609. l'heure est precise â 9. heures en esté,
depuis Pasques iusques à la S. Remy.

LEVR est aussi deffendu d acheter, tenir, reuendre ny rostir pour qui
que ce soit, aucune autre volaille que chapons, oisons, poulles, poulets,
pigeons, canes, cochons, & autres estans en la court des censiers, sur semblable amende & confiscation.

EST aussi deffendu aux forains d'acheter lesdites volailles audit marché parauant vnze heures, sur semblable amende.

LE 8. Feurier 1623. il y a eu Sentence allencontre de Nicolas Durant
hostelain & paticier, pour auoir acheté du gibier & volailles parauant
l'heure de dix heures, qui est regiftree au regiftre de la Police.

Marché à vo-
lailles.

Paticiers n'i-
ront au deuant
des volailles,
& n'en achete-
ront en leurs
maisons.

Heure aux pa-
ticiers pour en
acheter.

Forains n'en
acheterout pa-
rauant vnze
heures.

Ordonance pour le bestial, & pour la vente de la chair.

E MARCHE' au bestail est estably deuant l'Hostel de
Monceaux prez l'Escorcherie pour les grosses bestes, porcs,
moutons & brebis: & pour les veaux il est ordonné au grand
marché deuant la maison, où pend l'Enseigne de la Banniere.

IL EST DEFFENDV à toutes personnes d'apporter vendre aucun
veau en ladite ville, que lesdits baux n'ayent du moins trois semaines, à
peine de confiscation & d'vn escu quinze sols d'amende.

EST DEFENDV aux Bouchers, aux forains, & à toutes autres personnes d'aller au deuant de ceux qui ameinent veaux, ou autre bestial
pour vendre en ladite ville, & de les acheter ailleurs que esdites places,
& marchez ordinaires, sur semblable amende & confiscation.

EST DEFFENDV aux Forains d'acheter les veaux audit grand mar-

Marché au
bestial.

Aux veaux.

Veaux portez
au marché au-
ront trois sep-
maines.

Veaux seront
achetez au
marché & non
ailleurs.

beurre aux forains d'acheter veaux. ché parauant douze heures de midy, & d'y acheter en vn iour plus d'vn veau, sans permission, sur semblable peine & amende.

Porcs seront visitez. EST ORDONNE' que les porcs seront visitez à la langue par les Egards, à ce particulierement comis par Messieurs, en nombre de deux, & s'ils sont trouuez ladres, seront rendus au vendeur pour en faire son profit, & demeuré le marché de l'achapt nul & resolu; ausquels Egards

Droicts des egards de porcs. est ordonné pour leurs droicts & salaires de la visitation de la langue, de chacun porc quatre deniers & non plus, à peine d'amende arbitraire.

Porcs tuez & trouuez ladres seront rendus & marché nul. ET encores que les porcs soyent trouuez sains de la langue par lesdits Egards, & si estans tuez ils sont trouuez ladres, le vendeur est tenu de les reprendre, & demeure ledit marché nul., ores que ledit marché ait esté autrement fait & accordé. par ce que le priuilege des habitans est tel, & qu'il ne peut estre violé ny rien fait au preiudice d'iceluy, par quelque voye que ce soit.

Grosses bestes seront tuez en l'escorcherie. EST deffendu aux Bouchers, & à tous autres, de tuer aucunes grosses bestes, sinon en l'Escorcherie, & en icelle ny en leurs maisons tuer aucunes bestes les iours de Samedy & veilles de festes en temps d'Esté depuis quatre heures de releuee, & en hyuer depuis deux heures de releuee

Iours pr.b.bez de tuer. iusques au Lundy ou le lendemain de la feste ensuiuant la cloche du iour sonnee, à peine de deux escus cinq sols d'amende & de confiscation de la chair.

Ne vendre chair les Dimanches. DE vendre & acheter chair és iours de Dimanche, sur semblable amende & confiscation.

Ne vendre brebis a la boucherie apres la LEVR est enjoint fournir les boucheries de bonne chair, en sorte qu'il n'y ait occasion de plainte, & deffences de faire entre eux aucun monopole pour vendre chair les vns aprez les autres, sur peine de punition corporelle, & d'amende arbitraire.

saint Andrieu LEVR est deffendu vendre esdites boucheries chair de brebis, aprez le iour S. Andrieu, sur peine de quarante sols parisis d'amende.

Porc soufsemé se vendera hors la boucherie. PAREILLEMENT, de vendre chair de porc surfemé dedans les boucheries, mais en faire la vente hors d'icelles, sur pareille amende.

Esgards visiteront par tout où l'on vend. ENIOINT aux Egards visiter la chair qui se vend és boucheries & és logettes de la rue de Noyon, & prez de l'Hostel-Dieu, & s'ils en trouuent aucune déloyale & indigne d'entrer au corps humain, en faire le rapport à mesdits sieurs pour en faire la punition.

Reuendeurs de lard seront registrez. PAR Ordonnance d'Escheuinage du 18. Octobre 1600. nul ne peut s'entremettre de reuendre du lard ou porc sallé qu'il ne soit inscrit & registré, le lieu de sa demeure declaré sur le registre, & l'enseigne de sa maison, laquelle inscription sera faite en la presence de l'vn desdit Bouchers.

LEVR est deffendu de faire tuer aucuns porcs dans leurs maisons,

ains

ains dans les rues alendroit de leurs maiſons , afin que les Egards en puiſſent auoir connoiſſance.

NE peuuent expoſer en vente aucun lard venant de porc ſurſemé en leur maiſon ny ailleurs, ains à la porte de la boucherie, pour y eſtre reconnu.

LES reuendeurs ne peuuent enrrer au marché aux pourceaux, ni acheter ou faire acheter par eux ou par perſonnes interpoſees aucuns porcs depuis la S. Remy iuſques à Paſques parauant vnze heures , & depuis Paſques iuſques à la S. Remy parauant dix heures.

Tuer les porcs ſur ruë.

Porc ſurſemé.

Heure de marché pour les reuendeurs.

Les moulins de la ville d'Amiens peuuët moudre par chacun iour compoſé de 2 4. heures, ſçauoir;

LE Moulin du Roy,	cent ſetiers de bled en 24. heures.
Le moulin de Pierre,	deux cens ſetiers.
Le moulin des Crucifix.	deux cens ſetiers.
Le moulin de l'Hoſtel-Dieu,	cent ſetiers.
De la rue des Poullies,	cent ſetiers.
Le moulin paſſe-auant,	cent ſetiers.
Le moulin paſſe-arriere.	cent ſetiers.
Le moulin de la Table de plomb,	cent ſetiers,
Le moulin Becquerel.	cent ſetiers.
Le moulin du Mocreux,	cinquante ſetiers.
Le moulin du Hocquet	
Les deux moulins de la Hautoye,	trois cens ſetiers.
Le moulin de Hen,	cent cinquante ſetiers.
Le moulin de Renencourt,	cinquante ſetiers.
Celuy du petit S. Iean.	cent ſetiers.
Celuy du pont de Mets,	cent cinquante ſetiers.
Celuy de Saloüel,	cent cinquante-ſetiers.
Celuy de Salleu,	cent cinquante-ſetiers.

Deux mil deux cens ſetiers par iour.

Sans les moulins à vent du faux-bourg de Noyon, celuy du fauxbourg de Beauuais, & celuy de Caigny, au rapport des Meuſniers.

Du 17. Septembre 1636.

K

Ordōnances pour la Poiſſonnerie de mer.

IL EST DEFFENDV à toutes perſonnes d'aller au deuant de ceux qui ameinent poiſſons, huitres, moulles & hennons en cette ville, & d'en acheter en chemin pour l'amener ny reuendre, à peine de confiſcation & de quatre eſcus dix ſ. d'amende.

IL EST ENIOINT à ceux qui ameinent ledit poiſſon en ladite Ville, faire le tout mener en la poiſſonnerie, pour y eſtre vendu ſans rien en delaiſſer ſur les chemins, ny en cacher en leurs hoſtelleries ny ailleurs, à peine de confiſcation, & de deux eſcus cinq ſols d'amende tant contre le chaſſe-maree, que contre le recelleur.

EST ENIOINT aux Groſſiers d'eux trouuer quatre chacun iour en la poiſſonnerie durant le temps de Careſme, pour entendre a la vente du poiſſon, & payer promptement les chaſſe-marees, à peine de quatre eſcus dix ſols d'amende.

EST DEFFENDV à toutes perſonnes d'acheter poiſſon en ladite poiſſonnerie pour le y reuendre, & qu'ils n'ayent prins à ferme l'vn des eſtaux d'icelle.

LES preneurs deſquels eſtaux ne doiuent acheter au plus que deux panniers de marée chacun tant que les autres preneurs ſeront fournis de ſemblable nombre, ſur ladite amende

SI les detailleurs ſont negligens d'acheter le poiſſon, les chaſſe-marees les pourrōt detailler eux meſmes ſur les eſtaux, ſaus aucune choſe payer du loüage d'iceux, & pour ce faire pourront prendre tel aide que bon leur plaira.

CEVX qui detaillent ledit poiſſon ſeront tenus l'auoir vendu, aſſauoir celuy qui arriuera le matin, en dedans vne heure aprez midy, depuis le premier iour d'Avril iuſques au premier iour d'Octobre, & depuis le premier iour d'Octobre iuſques audit premier iour d'Avril, en dedans deux heures de releuee, ſans le garder dauantage, à peine de confiſcation & de quatre eſcus dix ſols d'amende : toutefois ſi la maree meritoit d'eſtre venduë plutoſt, l'heure ſera acceleree ſans la pouuoir prolonger, pour quelque occaſion que ce ſoit.

ET celuy qui arriuera ſur le midy ſera tenu le vendre en dedans cinq heures du ſoir : ſauf pour le regard des harengs frais, huitres, moulles & hennons qu'ils peuuent vendre à toutes heures, ſans neantmoins les garder du iour au lendemain, ſur ſemblable peine & amende.

EST deffendu auſdits detailleurs faire à part, à la perte & au gain les vns auec les autres à la vente du poiſſon, d'auoir chacun plus d'vn eſtal,

&prendre compagnie pour acheter & detailler poiſſon : mais doiuent *la vente du* acheter & vendre en leurs perſonnes, chacun à ſon ſingulier profit, ſans *poiſſon.* le pouuoir faire vendre par autres, ſur peine de confiſcation & de quatre eſcus dix ſols d'amende, & de punition de priſon.

LEVR eſt auſſi deffendu vendre poiſſon ſur le paué & ailleurs & ſur leurs eſtaux, ſur leſquels leur eſt enjoint mettre tous leurs panniers à dé- *Ne venderont* couuert, ſans en cacher aucuns. *ſur le paué.*

EST DEFFENDV aux Groſſiers de poiſſon, au Clerc deſdits Grof- *Ne prenderont* ſiers, & au valet de ladite poiſſonnerie, aux quatre gaigne-deniers qui *poiſſon dans les* s'entremettent de décharger le poiſſon, & meſme aux chaſſe-marees *panniers.* qui auront amené le poiſſon en ladite poiſſonnerie, d'y prendre aucun poiſſon grand & petit dans les panniers hauts ou plats, où ils l'auront ex- poſé en vente, deuant, pendant, ny aprez la vente, à peine de quatre eſ- cus dix ſols d'amende, & de punition de priſon pour la premiere fois, encores que ledit poiſſon fut volontairement donné par leſdits chaſſe- marees & detailleurs, de huit eſcus vn tiers, & de punitiõ de priſon pour la ſeconde fois, & d'eſtre ſuſpendus vn an de leurs eſtats, & pour la tierce de perdition & priuation deſdits eſtats.

SVR ſemblable peine & amẽde, deffences ſont faites auſdits Groſſiers *Groſſiers n'i-* d'aller au deuant deſdits chaſſe-marees, & d'eux trouuer auec eux à boire *ront audeuant* & manger, en quelque lieu, ny à quelque heure ce ſoit. *des chaſſema-* *rees.*

SONT auſſi faites deffences auſdits Groſſiers tenans hoſtelleries de loger en icelles aucuns deſdits chaſſe-marees, ſur pareille peine & *Ne les logerõt* amende.

EST ENIOINT au valet de ladite poiſſonnerie d'exercer ſon eſtat *Le vallet* en perſonne, ſans empeſchement de maladie, ou autre legitime, à peine *exercera en per-* de priuation d'iceluy. *ſonne ſon eſtat.*

LVY eſt auſſi enjoint tenir l'huis de la poiſſonnerie fermee, tant & *La poiſſonne-* iuſques à ce que le poiſſon ſera vendu en gros, ſans permettre que aucuns *rie ſera fermee* y entrent ſinon les Eſcheuins, les Groſſiers, les detailleurs, detaillereſſes, *tãt que le poiſ-* & les dechargeurs de poiſſon, à peine d'vn eſcu vn quart d'amende. *ſon ſera vendu* *en gros.*

SI autres y eſtoient entrez pendant ladite vente en gros pour l'ab- ſence des Eſcheuins, eſt permis auſdits Groſſiers les faire ſortir, & s'ils different les amener en noſtre Hoſtel commun pour en faire la punitiõ. *Patisſiers ny*

ET eſt deffendu à tous Paticiers & à leurs femmes, ſeruiteurs & gens *entreront para-* de leur famille, d'entrer en ladite poiſſonnerie, & d'y acheter ou faire *uant dix heu-* acheter poiſſon par gens interpoſez parauant dix heures du matin, de- *res.* puis la S. Remy iuſques à Paſques, & depuis Paſques iuſques à la S Remy parauant neuf heures, ſur peine de quatre eſcus dix ſols d'amende. *Ceux qui tien-*

QVANT à la moruë & ſaulmon ſallé, ils doiuent eſtre bien détrem- *nent a fermes* pez, & nul n'en peut vendre, ny harens blancs ny herens ſors, ſinon ceux *les places au-*

& celles qui ont prins à ferme les places d'autour du puits d'en bas du grand marché, à peine de confiscation & d'vn escu vn quart d'amende.

LEVR est deffendu de vendre aucun haren deffectif, ny haren sor qui ait esté moüillé ou trempé, mais sont tenus les vendre tels qu'ils sortent du tonneau, à peine de deux escus d'amende.

Nota, que les Reglemens des Grossiers de poisson de mer & leurs salaires sont cy aprez.

PAR Ordonnance d'Escheuinage du 27. Mars 1615. il est permis aux Grossiers de vendre du poisson en gros aux forains, & ce vne heure aprez l'heure de vente ordinaire passee; Et neantmoins les detailleresses de cette ville seront preferees aux forains, & les bourgeois preferez aux detailleresses & forains.

LES Brefs ont esté renouuelez le 15. Nouembre 1601. en l'Escheuinage dudit iour & publiez par les carfours.

Ordonnance pour la pesche & vente du poisson d'eau douce.

SONT faites deffences à toutes personnes, de pescher ou faire pescher, & prendre à quelques engins que ce soit, ny mesme d'exposer en vente les poissons d'eau douce cy aprez declarez, qu'ils ne soyent du moins des longueurs qui ensuiuent, & si aucuns en peschent de moindre longueur, leur est enjoint les rejetter en la riuiere, sur peine de confiscation, & d'vn escu vn quart d'amende.

C'EST à sçauoir le Brochet de dix poulces de long, entre l'œil & la fourche du moins.

LES Carpes, Barbeaux & Truites de la longueur de huit poulces entre l'œil & la fourche.

LES Brames, perches, tenches, vendoises, guerdons & roches de la longueur de quatre poulces aussi entre l'œil & la fourche.

COMME aussi est deffendu à toutes personnes de tenir en leurs maisons aucuns engins de fil seruans à pescher, & aux ouuriers d'en faire ny vendre aucuns que l'on ne puisse faire passer aisément & de plat vn gros tournois par chacune maille.

ET quant aux engins de bois, soyent d'ozier, jonchees ou autres, ils doiuent estre faits en telle sorte qu'vn homme y puisse aisément & sans force mettre tous ses doigts iusques à la premiere jointure de la main.

ET si aucuns ont desdits engins moins larges & plus estroits que dessus leur est enjoint eux en défaire, à peine de confiscation & d'vn escu vn quart d'amende.   EST

EST ENIOINT aux Egards d'auoir l œil sur ceux qui peschent & vendent le poisson,& tenir la main à l'obseruation desdites Ordonnances,sur peine d'amende arbitraire.

EST DEFFENDV à toutes personnes pescher la nuict auant les riuieres d'auant la ville, sur peine de prison & de quatre escus dix sols d'amende.

SONT faites deffences à toutes personnes,habitans,ou forains,d'aller ou enuoyer acheter poisson d'eau douce que l'on pesche és enuirons de ladite ville,plus prez de quatre lieuës d'icelle.

NY d'acheter en ladite ville le poisson qui y est apporté par les forains pour iceluy reuendre en icelle Ville,directement ou indirectement, ny en ce regard commettre aucun abus,sur peine pour la premiere fois de deux escus d'amende & de punition de prison , & pour la seconde de bannissement de ladite ville & ban lieuë.

Ordonnance pour les fruicts.

LE MARCHE' aux fruicts, comme pommes,poires & autres semblables, est establyo pour les forains qui viennent vendre fruicts en la ville, en la ruë du Beauregard, du rang & du long du mur du Iardin de Iean Louuel houx de Glisy, où les forains sont tenus decharger & exposer en vente leurs fruicts & non ailleurs,à peine d'vn escu d'amende & de confiscation.

ET quant aux reuendeurs & reuenderesses de fruicts, demeurans en cette Ville,il leur est permis reuendre lesdits fruicts au grand marché, depuis la maison de la Sereine,en allant en bas.

ET leur sont faites deffences de eux trouuer en ladite rue du Beauregard,en la place ordonnee pour les forains, acheter ny marchander fruicts parauant douze heures de midy,à peine d'vn escu d amende , & de confiscation pour la premiere fois: & pour la seconde fois de double amende,& d'estre priuez à iamais de pouuoir vendre fruicts.

COMME aussi leur est deffendu d aller au deuant de ceux qui amenent lesdits fruict,& de les acheter aux hostelleries ny ailleurs que en la rue du Beauregard aprez ladite heure,sur semblable peine & amende.

Ordõnances pour les porees, raues, cõcõbres, pern aif:s caroites, nateaux et autres legumes.

Lieux designez aux ortillons pour vendre leurs porees & autres choses.

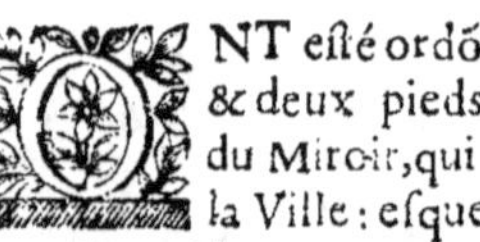

L ES Hortillons tant de la ville que de dehors les peuuent vendre tant sur l'eau des Porees au bout du Don, que au petit marché: Et leur est deffendu les amener vendre ny decharger par batteaux sur l'eau des merderons, signamment depuis le pontde la Pipereffe iusques au moulin du Roy, & ne les peuuent vendre ailleurs que és lieux & endroits deffusdits, sur peine d'vn escu quarante sols d'amende.

Reuendreffes des choses sus-ditesles achete-ront partant douze heures de midy.

Elles les ven-deront au petit marché.

DEFFENSES font faites aux reuendeurs & reuendereffes de porees raues & autres legumages, de les acheter defdits Hortillons qui les ap-porteront vendre parauant douze heures de midy, à peine de deux ef-cus dix fols d'amende, & de confifcation.

SVR femblahle peine leur est deffendu estaller & reuendre lefdites porees & legumages fur le flegard, ailleurs que audit petit marché.

Femmes des fergent du guet de nuit nereuë-deront les cho-fes fufdites.

EST deffendu aux femmes des fergeans du Guet de nuict, de s'entre-mettre aucunement de reuendre lefdits legumages & fruicts quelcon-ques, fur peine de deux efcus cinq fols d'amende.

Ordonnances pour le beurre, œufs & fromages.

Places ordon-nees dans le grand marché pour reuendre Beurre fallé œufs, forma-ges, fruicts de carefme.

O NT esté ordõnees dix places, chacune de cinq pieds de long & deux pieds & demy de large, au grand marché du costé du Miroir, qui fe baillent à ferme au plus offrant au profit de la Ville: efquelles places & non ailleurs il est permis à ceux & cellas qui les prennent, vendre les fruicts de Carefme, mefmement les fruicts deffus declarez, & est deffendu à tous autres d'en vendre audit grand marché, à peine d'vn efcu vn quart d'amende. Bien chacun les peut reuendre en fa maifon estant infcrit audit Hostel de ville.

Ne reuendre beurre frais.

Forains ven-deront les cho-fes fufdites en la rue de la drapperie, & deuant S. Leu.

EST DEFFENDV aux reuendeurs & reuendereffes d'acheter & reuendre beurre nouueau, à peine d'vn efcu vn quart d'amende, & de confifcation.

ET quant aux gens de village, qui apportent vendre œufs, beurre & fromages, leur est ordonné ce faire en la rue de la Drapperie & deuant S. Leu.

IL EST deffendu aux reuendeurs & forains d'acheter aucuns œufs &

beurre en cette ville parauant douze heures de midy, à peine de confifcation & d'vn escu d'amende.

PAR ordonnance publiee le 11. May 1576. au feuillet 165. du
regiftre aux publications couuert de noir, il eft deffendu aux reuendeurs
& reuendereffes d'acheter aucune piece de beurre nouueau, ny vfer
d'aucun déguifement, fur peine de confifcation & de cent fols parifis d'a-
mende, & leur eft permis de reuendre beurre vieil en pot aux heures &
lieux portez par l'Ordonnance.

PAR Sentence du 4. Octobre 1651. il eft fait deffence pour l'auenir à tous
marchands forains & marchands de cette ville, de faire vente & achapt
de beurre fallé en tinettes & en pots qu'ils n'euffent efté dechargez &
expofez au grand marché au lieu ordinaire & accouftumé quatre heures
entieres, foit le matin ou aprez midi, à peine de douze liures d'amende
& de confifcation, pendant lequel temps les habitans pourront faire
achapt defdits beurres pour leur prouifion auparauant les reuendereffes
publiques, lefquelles reuendereffes ne pourront faire acheter defdits
beurres, que deux heures aprez lefdits beurres pofez audit marché, fouz
pareille peine de douze liures d'amende.

Ordonnances pour le gros bois, fagots, efchalats, & verges.

SVIVANT l'Edict de la Police generalle de ce Royaume, l'on
met prix & taxe deux fois l'an au gros bois, fagots & charbon, & n'eft permis ains deffendu tant au forain vendeur, que
à l'acheteur de le vendre à plus haut prix que l'Ordonnance,
à peine de dix efcus d'amende.

QVANT au gros bois il doit eftre de quatre pieds & demy de long,
& de groffeur competente, à peine de confifcation & d'vn efcu cinq
fols d'amende.

LE gros bois qui eft amené & vendu fur le chariot ou en batteau doit
eftre vendu à la corde & au pied, & non autrement, pour obvier aux de-
ceptions qui fe peuuent commettre en ce regard. La corde doit auoir
huit pieds de long & quatre pieds de haut: voyez cy aprez fol.
Et fi aucuns habitans achetent ledit bois en tafche & autrement qu'à la
corde & au pied, leur eft permis le pouuoir faire encorder & mefurer, &
iceluy payer au prix de l'ordonnance, encores que le marché ait efté
fait en tafche, au preiudice de l'ordonnance.

ET quant au bois qui eft apporté par faiz & à la tefte, il peut eftre
vendu en tafche.

Encordeurs ex-
pediront les
marchands.

EST ENIOINT aux Encordeurs de bois de faire leur deuoir de leur office & expedier les marchands, sans prendre ny exiger du vendeur ny de l'acheteur directement ou indirectement aucun bois en nature, ny plus grand salaire que celuy à eux ordonné de douze deniers pour corde, sur peine de priuation de leurs offices & d'amende arbitraire

Iauge des fa-
gots.

Reuendeurs
de fagots &
charbon seront
inscris & fe-
ront serment.

NVL forain ne peut amener vendre fagots en la ville, excepté toutefois ceux que l'on amene d'Abbeuille, qu'ils ne soient du jauge de la ville, bons & loyaux, parementez de six gros paremens de la longueur de deux pieds & demy chacun, & n'estans meslez d'aucune herbe ny autre ordure, à peine de confiscation & de dix escus d'amende.

Reuendeurs
n'acheterôt fa-
gots hors la
ville n'yront
audeuant n'a-
cheteront fagots
a liurer ne prẽ-
dront bois à
coppe.

IL EST DEFFENDV à tous les habitans d'eux entremettre de revendre fagots & charbon qu'ils ne soient inscrits & qu'ils n'ayent faict le serment en tel cas requis en l'Hostel commun, à peine de deux escus cinq sols d'amende.

LEVR est aussi deffendu d'aller acheter aux champs hors la ville aucuns fagots, n'aller au deuant de ceux qui les amenent, arrer ny acheter fagots à liurer à l'auenir, prendre aucuns bois à coupe, ny acheter fagots ailleurs qu'en cette ville aux places ordinaires.

N'acheteront
fagots chariez
parauãt 2. heu-
res de releuée du
iour qu'ils serõt
amenez.

ET de les acheter, à sçauoir ceux qui ser{ont} amenez par eau qu'ils n'ayent reposé 24. heures au riuage du Cay ou du Don.

ET ceux qui seront amenez par charroy, parauant deux heures de releuee du iour qu'ils seront amenez, sans qu'ils puissent marchander lesdits fagots, ne eux trouuer en quelque lieu que ce soit auec ceux qui les amenent parauant lesdites heures.

Declareront
chacune fois en
l'Hostel de vil-
le les fagots
qu'ils auront
acheté.

ET leur est enjoint à chacune fois qu'ils auront acheté fagots en ladite ville, le venir dire & declarer en l'Hostel de ville, & les lieux & granges où ils les auront fait mettre en dedans le iour de l'achapt & receptiõ à peine de confiscation & de dix escus d'amende.

Receueurs fer-
miers ne pour-
ront fair gran-
ge de fagots.

ET POVR ce qu'il y a quelques Receueurs Fermiers en la ville qui tiénent quelques bois à ferme des seigneurs à qui ils appartiennent, leur est deffendu faire granges de fagots en ladite ville en plus grand nõbre que ce qu'il leur en faut pour leur prouision ordinaire, ains leur est enjoint les vendre sur les lieux, ou s'ils les font icy amener, les faire mener droit au marché pour y estre vendus, sur semblable amende & confiscation.

Reuendeurs
ouuriront leurs
granges & di-
striburont les
fagots pour le
taxe.

LESDITS reuendeurs sont tenus ouurir leurs granges, & faire distribuer leurs fagots au prix du taxe qui y est mis & publié, sans en pouuoir reffuser, à peine de dix escus.

Deffences de
faire en l'enclos
de la ville ma-
yes de fagots.

EST DEFFENDV à toutes personnes de faire és courts & jardins de leurs maisons situees en l'enclos de la ville aucunes mayes de fagots pour doute du feu, à peine de huit escus vn tiers d'amende.

EST

EST DEFFENDV à toutes perſonnes d'amener & vendre en la-dite ville aucunes verges ſeruans à pailloller & jardiner , qu'elles ne ſoyent bonnes & lealles, ayans dix pieds de longueur du moins , & vn poulce eſcarté par le gros bout, auec ſuitte raiſonnable, chacune botte fournie de 32.33. ou 34. verges ſeruans à pailloler, en ſorte que les trois botes faiſent vn cent, ſur peine d'vn eſcu vn quart d'amende, & de con-fiſcation.

ーラ *Iauges des verges a pailloler & iardiner.*

EST enjoint aux Egards Pailloleurs viſiter les bottes de verges que l'on vend au marché & ſur les regrateurs , & s'ils en trouuent des dé-loyalles, en faire rapport, à peine d'vn eſcu vn quart d'amende, en cas de negligence ou diſſimulation.

Chacune botte de verge doit contenir 32.33 ou 34. verges.

Eſgards pail-loleurs les vi-ſiteront.

ET POVR leur ſalaire leur eſt ordonné douze deniers pour chac une charette de verges, bonnes & ſuffiſantes venduës au marché.

Longueur & groſſeur des eſ-challats.

AV regard des eſchalats des vignes, eſt deffendu d'en amener vendre qu'ils ne ſoient de cinq pieds & demy de longueur du moins, de la groſ-ſeur par le gros bout de trois poulces de tour, fournis de cinquante à la botte : & peuuent ceux qui ont vignes à eux appartenans, acheter deſ-dits eſchalats autant qu'il leur en faudra pour leurs vignes, & non plus, à toutes heures; & ceux qui n'ont vignes à eux n'en peuuent acheter, ſi-non apres douze heures de midy.

Cinquante eſ-challats à la botte.

Ceux qui ont vignes en peu-uent acheter a toutes heures pour leurs vi-gnes.

EST deffendu aux reuendeurs de bois de faire achapt & prouiſion d'eſchalats & d'en reuendre aucunement, à peine de confiſcation & de quatre eſcus d'amende.

Reuendeurs de bois ne ſeröt prouiſion d'eſ-challats & n'en reuenderont.

ET quant au charbon il ſe doit meſurer à rez par les meſureurs, leſ-quels en l'amaſſant ſont tenus auoir leurs rateaux, à peine d'vn eſcu vn quart d'amende. Semble toutefois qu'il ſeroit meilleur que la meſure fut moins large qu'elle n'eſt, & que la meſure en fut faite à comble, mé-mes qu'il fût permis a l'acheteur l'emplir luy-meſme à comble , ſi bon luy ſemble , pour obvier aux fraudes que leſdits meſureurs peuuent commettre, tant contre le vendeur que contre l'acheteur. Voyez le cha-pitre des meſureurs & porteurs de charbon cy aprez.

Forme de me-ſurer le charbö.

Meſureurs au-ront leurs ra-teaux.

PAR ordonnance publiee le 30. May 1567. au liure noir de la Police fol. 41. & 70. le charbon ſera meſuré à la meſure de la ville auec le ra-teau, à peine de vingt liures pariſis d'amende contre les meſureurs, vn tiers à l'accuſateur.

Aduis ſur la forme de meſu-rer le Charbon.

LES Meſureurs ne pourront vendre & eſtre courtiers dudit charbon, ne aucunement aller boire & manger, ne trafiquer auec les marchands forains qui ameneront ledit charbon, ſur ſemblable peine.

Ordonnances pour le foin.

Reuendeurs de foin ferõtins-crits & feront le ferment.

Poids aux trouffeaux de foin.

Lieurs de foin feront en per-fonne leursoffi-ces & non au-tres.

Lieurs ne re-uendront foin.

Reuendeurs n'acheteront foin aucay qu'il n'y ait repofé trois iours.

Ceux qui ame-neront foin le venderont en perfõne ouleurs domeftiques.

Deffences de tirer le foin que l'on porte.

IL EST DEFFENDV à toutes perfonnes de s'entremet-tre de reuendre foin en cette ville, fans eftre infcrits & auoir fait le ferment en tel cas requis,

LEVR eft enioint faire faire les trouffeaux de foin du poids de huit liures, & non de moindre poids, & deffendu aux lieurs de foin, pourveuz d'eftats en titre d'office, de les faire de moindre poids, à peine de vn efcu quinze fols d'amende pour chacun trouffeau.

EST DEFFENDV à toutes perfonnes de s'entremettre de lier foin, finon aufdits officiers aufquels eft enioint faire en perfonne le liage du-dit foin, fans le faire faire par d'autres, & de prendre plus grands falai-res que

EST deffendu aufdits lieurs de foin, d'acheter ou reuendre foin en la-dite ville, ny auoir aucune part ou intelligence auec les reuendeurs de foin.

AVSQVELS Reuendeurs de foin eft deffendu acheter le foin qui eft amené en ladite ville, qu'il n'ait repofe au Cay trois iours entiers.

CEVX qui ameneront vendre foin en ladite ville, le venderont & debiteront en perfonnes, ou par leurs domeftiques, fans y interpofer courtiers ou reuendeurs.

Le tout à peine de quarante-vn efcu deux tiers d'amende.

EST loifible à toutes perfonnes qui auront acheté du foin le faire porter par telles perfonnes qu'ils verront bon eftre.

ET EST deffendu à toutes perfonnes tirer le foin que portent les manouuriers, ny le faire tirer ny emporter par leurs enfans & domefti-ques, à peine de payer l'intereft & de vingt-cinq fols d'amende.

Ordonnances pour le bois foyé, aiffelins & mairien.

Place deftinee pour faire & tenir marché du bois foyé.

Deffences aux menuifiers marchander bois amené ail-leurs qu'au marché & iuf-ques au lende-main.

LE MARCHE au bois foyé eft ordonné & eftabli en la rue des Rabuiffons du rang des Cordeliers, depuis le coin de la rue des Cordeliers iufques au logis du fieur de Behen-court.

EST DEFFENDV à tous les Menuifiers de la ville acheter, ny marchander le bois foyé, ou autre mairien amené pour vendre en icelle ville, ailleurs que audit marché, & iufques au lendemain du iour qu'il aura efté amené à dix heures du matin.

TOVTEFOIS si en iour de Samedy il s'y en amene aucun, en pourront acheter le mesme iour aprez l'heure de dix heures, & leur est deffendu de eux trouuer audit marché au bois auparauant ladite heure, pour quelque cause que ce soit.

QVANT aux marchands Reuendeurs de bois residens en cette ville, leur est deffendu en acheter aucun en cette ville, mais bien leur conuienne faire leurs achapts hors d'icelle ville.

AV REGARD des Menuisiers forains, & marchands de bois forains, leur est permis acheter le bois soyé audit marché le lendemain d'iiour qu'il y sera amené, aprez douze heures de midy, & non auparauant: ensemble celuy qui sera amené en iour de samedy qu'ils pourront aussi acheter aprez ladite heure de douze heures, & leur est deffendu l'acheter auparauant, ny eux trouuer au marché au precedent pour quelque cause que ce soit.

EST DEFFENDV à tous Menuisiers & marchands de bois demeurans en l'enclos de ladite ville, de receuoir des marchands forains aucuns bois en garde, & ausdits marchands de leur en delaisser en aucune maniere, le pourront toutefois bailler en garde à autres personnes, lesquelles n'en pourront faire la vente, quelque charge qu'ils en puissent auoir, mais seulement en pourront faire la garde.

EST deffendu à toutes personnes qui ont exposé bois soyé en vente audit marché, de le y laisser plus long temps que en dedans le Lundy ensuiuant ledit iour de marché, & leur est enioint en deblayer ledict marché : enquoy toutefois ne sont comprinses les entrebendes qu'ils y pourront delaisser quinze iours entiers & non plus le tout à peine de vn escus 15. sols d'amende.

EST DEFFENDV tant aux habitans que aux forains qui s'entremettent de vendre bois soyé en ladite ville, de vendre à la piece les aisselles ou autres pieces de bois ; mais les vendre au pied ou au cent, dont mesure sera faite par les messureurs jurez à la conseruation du droict, tant du vendeur que de l'acheteur, à peine de vn escu d'amende.

LESDITS messureurs de bois soyé sont en nombre de quatre, pourueuz en titre d'office, lesquels leur sont dõnez par monsieur le Maieur, & leur est enioint eux trouuer audit marché au bois aux heures ordinaires du marché, afin de dépecher les marchands en toute diligence, & mesurer le bois qui y sera vendu, & en ce faisant reduire les aisselles chacune à sept pieds de long, vn pied de large, & vn poulce broqué d'époisseur: tenir eux-mesmes la tille, & estre deux ensemble pour ce faire, sans permettre que la tille soit tenuë par le vendeur ou par l'achepteur, à peine d'vn escu d'amende.

DOIVENT aussi reduire les reillles à la longueur de quatorze pieds, d'époisseur poulce & demy broqué, & de largeur vn tiers de pied.

Membrures.

LES membrures à la longueur de douze pieds , quatorze poulces & demy de large,& d'époiſſeur deux poulces broquez.

Doſſeux.

LES doſſeux à ladite longueur de douze pieds,de largeur ſix poulces, & trois poulces d'époiſſeur.

Bois de fente.

ET le bois de fente à la longueur de quatre pieds , de la largeur de ſept poulces auec époiſſeur competente.

Sallaires des meſureurs de bois ſoyé.

ET pour leurs ſalaires leur eſt ordonné ſeize deniers du cent.

PAR Eſcheuinage du 24. Iuillet 1598. les ſalaires des meſureurs de bois ſoyé ſont augmentez & arbitrez à quatre ſols du cent de meſure qu'ils feront, à la charge de garder par eux l'Ordonnance , & de eux trouuer au marché au bois aux heures ordinaires , pour expedier les marchands.

Ordonnances pour la laine.

N'aller au-deuant des lai-nes.

IL EST DEFFENDV à toutes perſonnes d'aller ou enuoyer au deuant des laines,que l'on apporte & amene en cette ville,& icelles acheter ou faire acheter ailleurs que és grádes halles de céte ville.

Reuendeurs de layne n'en acheteront en la ville ny à 8. lieues prés.

DEFFENDV à toutes perſonnes reſidentes en ladite ville,qui s'entremettent de reuendre laine d'en acheter aucune en ladite ville ny ailleurs à huit lieuës prez d'icelle ville. Par Ordonnance publiee le 21. Feurier 1634.en acheter en cette ville aprez qu'elles auront eſté poſees deux heures aux halles,afin que les Houppiers s'en puiſſent pouruoir ſans que les marchands puiſſent aller audeuant , ny les acheter qu'à huit lieuës.

Houppiers ſayteurs drap-pans tiſſerans de draps pa-reurs n'ache-teront autre layne que pour leurs meſtiers.

DEFFENDV aux Houppiers, Sayteurs,Drappiers,Tiſſerans de draps, & Pareurs d'acheter laine en icelle ville , ſinon celle qui eſt propre & neceſſaire pour l'vſance de leurs meſtiers,& pour le mettre en œuure en iceux par eux ou leurs ouuriers domeſtiques,ſans les pouuoir reuendre auant eſtre miſe en œuure , ſans auſſi pouuoir acheter laine & marchandiſe ſeruans aux meſtiers les vns des autres. Le tout à peine de confiſcation & de vingt eſcus d'amende. Comme appert par l'Ordonnance publiee le 2 May 1579.

Courtiers de laine & leur deuoir.

LES courtiers de laine en nombre de huit ſont tenus d'eux trouuer tous és grandes halles pour faire le deuoir de leurs charges durant le mois de May & pendant le temps des franches feſtes, & en autre temps les iours de Samedy , & ils y doiuent eſtre quatre heures, & deux és autres iours à peine d'amende arbitraire.

Sallaire des courtiers de laine.

ET pour leurs ſalaires leur eſt ordonné pour eux tous pour chacun chacun cent de pezant de laine, aignelets locquets,pignons, pelures, & toutes autres ſortes de laines & linages indifferemment , vendu eſdites

halles,

Halles, aſſauoir pour le vendeur forain ou habitant ſix deniers obole, qui eſt pour chacune piece 2. deniers, du plus & du moins à l'equipolēt.

Pour chacun veautre de laine vendu en ladite ville, vn denier.

S'il y a cinquante veautres quatre ſols, & du cent huit ſols.

ET pour chacune eſtendelle ou fardeau de laine, cinq ſols.

LE Reglement pour la forme d'accouſtrer la laine en houppe, eſt regiſtrė tout au cōmencement des Ordonnances de l'eſtat de la ſaiterie.

LE ſalaire des Egards Houppiers eſt de huit deniers pour leur viſitation de chacune perrée de laine en houppe, pour eux ſix.

Et outre eſt deffendu à toutes perſonnes accouſtrer la laine en houppe, ny icelle lauer & vendre s'ils ne ſont maiſtres Hóuppiers.

Ordonnances pour le fait de la vente du fil de ſayette.

DEFFENCES ſont faites à tous les Houppiers, & autres habitans de cette ville & Banlieuë, de quelque qualité ou condition qu'ils ſoient, deux entremettre d'acheter ou faire acheter, directement ou indirectement, aux champs ny en la ville aucun fil de ſayette pour le reuendre & regratter en icelle ville, ſur peine de confiſcation dudit fil, & de huit eſcus vn tiers d'amende.

COMME auſſi deffendons à tous leſdits Houppiers faire filer à leur profit aucun fil de ſayette, ny en tenir aucun en leurs maiſons, ſur peine ſemblable & confiſcation que deſſus.

DEFFENDONS auſſi à toutes perſonnes d'acheter fil de ſayette en icelle ville s'ils ne ſont maiſtres Sayeteurs ou Hautelilſeurs, reſidens & demeurans en cettedite ville, œuurans & trauaillans de l'vn ou de l'autre deſdits meſtiers, ſur peine d'vn eſcu vn quart d'amende.

Enquoy toutefois n'entendons comprendre les maiſtres Sayeteurs drapans d'icelle ville, leſquels pourroient acheter ledit fil les Mercredy & Samedy apres diſner, vne heure de releuée, & non auparauant, à peine d'vn eſcu vn quart d'amende.

ENIOIGNONS à tous les filatiers forains qui ameneront fil de ſayette en ladite ville, de porter & expoſer en vente en la place & marché à ce deſtiné entre les grandes Halles & le Beffroy de la ville, ſans en vendre ailleurs, ny en reſeruer aucune choſe en leurs hoſtelleries ny ailleurs, & vendre le tout au plus tard endedans le troiſieſme marché: leur deffendant de le garder plus long temps, ſur peine de confiſcation & de ſeize eſcus deux tiers d'amende.

FAISONS pareillement deffences tant aux Sayeteurs que Houppiers.

N

de receuoir ny permettre entrer en leur maison lesdits filatiers ou autres chargez de fil, pour quelque cause ou occasion que ce soit: & ausdits filatiers & autres reuendeurs de fil, d'aller & entrer esdites maisons desdits Sayteurs & Houppiers chargez dudit fil de sayette, sur peine de confiscation dudit fil, & de deux escus cinq sols d'amende.

PAR Arrest du Conseil du 10. Decembre 1604. contradictoirement donné auec les Sayteurs, le present article a esté confirmé, & les Statuts d'entre les Sayteurs & les Houppiers, lequel Arrest est és mains des Peseurs de fil, & maistres de la Confrerie.

Pareillement deffendons à tous Houppiers, Hosteliers, Merciers, & à toutes autres personnes, de souffrir vendre ny peser fil de sayette en leur maison, sur peine d'vn escu vn quart d'amende.

Deffendons aussi à tous les habitans de ladite ville de faire la reuente du fil de sayette appartenant aux filatiers, ou reuendeurs, ou filoires: Enjoignons ausdits filatiers, reuendeurs & filoires faire eux-mesmes sans assistance d'aucun habitant la vente de leur fil, sur peine de confiscation & de quatre escus dix sols d'amende.

ITEM, Deffendons à tous de mettre en vente aucun fil qu'il ne soit suiuable & raisonnablement assorty, & non meslé de diuerses sortes & grosseurs de filz, sur peine d'estre coupez & mis en pieces, a peine de dix sols parisis d'amende.

ET si aucun filé est trouué frec & mouillé pour frauder le poids, il sera bruslé en plein marché, & sera le vendeur amendable de six sols parisis.

Au surplus, suiuant les Lettres Patentes de Declaration du Roy, du 17. Feurier 1567. diuerses fois publiées a son de trompe & cry public par les Carfours ordinaires de cette ville. Deffences sont faites à toutes personnes sujets de sa Maiesté, ou autres, de transporter ny faire sortir hors ce Royaume aucun fil de sayette, sur peine de côfiscation, & de soixante six escus deux tiers d'amende.

PAR Publication du 22. Aoust 1578. l'heure est donnée aux Passementiere de fil de sayette, & Rubenniers pour acheter le fil qui leur est necessaire, à vnze heures en Esté, & en Hyuer à douze heures.

PAR Ordonnance d'Escheuinage du 29. Ianuier 1604. Il a esté ordonné qu'à l'aduenir les Esgards Passementiers pourront faire visitation desdits passemens és maisons des Façonniers, Teinturiers, Calendriers & Marchands, laquelle visitation ils pourront faire auant que la marchandise soit empacquetée: & ordonné aux Marchands administrer tesmoins au Procureur Fiscal, pour estre informé des abus & maluersations qu'ils disent auoir esté commises par lesdits Esgards.

Par Escheuinage du 29. Nouembre 1604. Le fil de bona se doit vêdre prés le Beffroy, audeuant de la maison de laSoubite.

Ordonnances pour la vente de la chanvre, lin, & bouquet, & des filez en procedans.

EN ladite ville y a quatre Peſeurs, de chanvre, lin, pion & bouquet, & leſquels peſent pareillement le fil procedant deſdits eſtoffes.

LES deux ſont eſtablis au marché à la chanvre, au carfour S. Firmin à la Porte, tirant en la ruë des Sœurs Griſes, & leur eſt ordonné pour leurs ſalaires du poids de chacune botte de chanvre, lin, pion, ou bouquet, deux deniers.

PAR Ordonnance d'Eſcheuinage ſur la requeſte des Peſeurs, & information ſur icelle du 12. Aouſt 1604. leur eſt attribué trois deniers pour chacune botte de chanvre, lin, pion & bouquet, & vne obole pour chacune liure de fil de lin, ou de chanvre, qu'ils peſeront.

ET les deux autres ſont eſtablis au marché de la Vieſerie en la ruë de S. Marry, prés du derriere des grandes Halles, où ils ont fait baſtir à leurs deſpens vne logette ſur la terre de la ville par permiſſion de Meſſieurs, laquelle demeure aux ſucceſſeurs pourueus deſdits Offices pour y peſer ledit fil, & leur eſt ordonné pour leur ſalaire de chacune peſée de fil iuſqu'à cinq liures, vn denier : depuis cinq iuſques à dix liures, deux deniers : depuis dix liures iuſques à quinze, trois deniers : depuis quinze liures iuſques à vingt liures, quatre denie·s, & depuis vingt liures iuſques à vingt cinq liures, cinq deriers. Et ne peuuent peſer dauantage que à vingt-cinq liures, d'autant qu'il appartient au fermier des Halles.

Voyez l'article precedent pour leur ſalaire,

EST deffendu à toutes perſonnes entreprendre ſur leſdits offices, & de ſe meſler de faire poids deſdites chanvres, lin, pion & bouquet, & des filez en procedans, à peine d'vn eſcu vn quart d'amende.

Toutefois ils ne peuuent contraindre ceux qui acheptent fil au marché de la Vieſerie de le faire peſer à leur poids, ſi bon ne leur ſemble.

Tous ceux qui ameinent ou apportent lin, chanvre, eſtouppe, bouquet ou pion, pour vendre en ladite ville, ſont tenus les vendre au marché ordinaire, & non ailleurs, en peine de confiſcation & de vingt ſols pariſis d'amende.

LEDIT marché commence depuis Paſques iuſques à la S. Remy, à ſept heures du matin, & depuis la S. Remy iuſques à Paſques, à neuf heures, auparauant leſquelles heures les peſeurs ne peuuent ouurir leurs chambres pour y peser ladite marchandise, à peine de quarante sol parisis d'amende.

IL est enjoint aux Esgards Cordiers d'eux trouuer à l'ouuerture dudit marché pour voir & visiter ladite marchandise, & non pour en acheter pour eux ny pour leurs compagnons Cordiers, lesquels ne se peuuent trouuer audit marché en temps d'Esté qu'il ne soit huit heures sonnées, & en Hyuer dix heures, afin que les bourgeois en puissent faire leur prouision au precedent, le tout à peine d'vn escu vn quart d'amende.

Au regard des Forains, leur est deffendu acheter ladite marchandise sinon apres neuf heures du matin en temps d'Esté, & apres vnze heures en temps d'Hyuer, sur semblable peine que dessus.

EST deffendu à toutes personnes habitans ou forains, acheter ladite marchandise de lin, chanvre, pion, ou bouquet, pour les y reuendre & regratter, sur pareille amende que dessus.

LADITE marchandise doit estre bien & suffisamment accoustrée, sans estre meslée ny déguisée, à peine d'estre bruslée en plein marché s'il y a faute notable, à peine de quarante sols parisis.

Et sera la botte de lin liée de lin, la chanvre de chanvre, & ainsi des autres, sur peine de dix sols parisis d'amende.

Et au regard des filez de lin, chanvre, pion, ou bouquet, il se vend au marché à la Vieserie de cette ville.

IL est deffendu aux Telliers qui besongnent pour les mesnagers d'en vendre ny acheter à quelque heure que ce soit.

ET quant aux Telliers qui ont fait leur declaration, qu'ils entendent besongner pour eux tant seulement, & non pour les ménagers, leur est permis acheter le fil, à sçauoir en temps d'Esté depuis Pasques iusques à la S. Remy les iours de Vendredy à quatre heures apres midy, & les Samedis à neuf heures du matin : & en temps d'Hyuer les Vendredis à trois heures apres midy, & les Samedis à dix heures, & non parauant.

ET les forains & ceux & celles qui s'entremettent d'acheter fil pour en faire faire toiles pour reuendre en ladite ville, ou ailleurs, ne peuuent acheter ledit fil audit marché, sinon vne heure apres celles cy-dessus limitées ausdits Telliers. Le tout sur peine de confiscation, & d'vn escu vn quart d'amende.

Reduction

Reduction de plusieurs mesures au bled & au mars de diuerses villes & bourgs, à celle de la ville d'Amiens.

'EST A SCAVOIR, le septier au bled de la ville de Paris a esté trouué reuenir à quatre setiers & demy à ladite mesure d'Amiens.

LE SETIER au Mars, dicte mesure de Paris, reuient à cinq setiers vn piquet, & vn tiers de picquet à ladite mesure d'Amiens.

ET ont en ladite ville de Paris pour muid tant au bled que au mars douze setiers.

LE SETIER au bled d'Abbeuille reuient au setier au bled d'Amiens à trois setiers trois picquets & vn tiers de picquet, en sorte que les douze setiers qui est le muid de ladite ville d'Abbeuille reuient à la mesure d'Amiens à quarante-six setiers.

LE SETIER au Mars de ladite ville d'Abbeuille reuient au setier au mars d'Amiens, à trois setiers demy picquet; en sorte que les douze setiers qui font le muid reuiennent à trente-sept setiers & demy à ladite mesure d'Amiens.

DOVLLENS,
SENARPONT,
LIOMMER,
HORNOY,
OISEMONT,

Ont pareille mesure que Abbeuille, tant au bled que au Mars.

AIRAINES, la mesure au bled reuient à quatre setiers mesure d'Amiens: Le setier au mars dudit lieu d'Ayraines reuient à celle d'Amiens à trois setiers demy picquet.

ET n'ont audit Ayraines que douze setiers pour muid tant au bled que au Mars.

LE setier au bled mesure de Mondidier reuient à la mesure d'Amiens à vn setier vn picquet trois quarts & demy.

ET n'ont audit Mondidier pour muid tant au bled que au mars que douze setiers qui reuiennent au setier d'Amiens à dix-sept setiers & demy demy picquet.

LE setier au Mars dudit Mondidier reuient à la mesure d'Amiens vn setier vn picquet trois quarts & demy.

ROYE & Moreul ont semblable mesure que à Mondidier au bled & au Mars.

O

Bretheuil. LE fetier au bled de Bretheul reuient à celuy d'Amiens à vn fetier vn picquet & vn tiers de picquet.

LE fetier au mars dudit Bretheul reuient auſſi à vn fetier vn picquet & vn tiers de picquet à ladite meſure d'Amiens.

ON T au muy douze fetiers, qui reuiennent à ſeize fetiers meſure d'Amiens.

Peronne. LE Seſtier au bled de Peronne reuient au feſtier au bled d'Amiens à vn fetier trois picquets.

ET n'ont audit Peronne que huit fetiers au muy, qui reuient à quatorze fetiers d'Amiens.

Corbie. LE fetier au bled de Corbie reuient au fetier au bled meſure d'Amiens à vn fetier vn picquet, en ſorte que les douze fetiers qui font le muy de Corbie reuiennent à quinze fetiers d'Amiens.

LE fetier au mars de Corbie reuient à trois picquets deux tiers & demy de picquet, en ſorte que les douze fetiers qui font le muy de Corbie reuiennent à vnze fetiers & demy d'Amiens.

Sainct Quètin. S. QVENTIN en Vermandois.
Neeſle. NEESLE.
Lihons. LIHONS en Sangters ont pareille meſure qu'en ladite ville de Corbie.

Harbonnieres. LE fetier au bled de Harbonniere reuient à vn fetier & demy à la meſure d'Amiens, & n'ont au dit lieu qu'vne meſme, meſure pour le bled & pour le mars, qui fait que le fetier au mars dudit Harbonieres reuient au fetier au mars d'Amiens, & ont douze fetiers au muy.

Aumalle. LE fetier au bled d'Aumalle, que l'on nomme la mine, reuient au fetier au bled d'Amiens, à trois fetiers vn picquet.

LE fetier au mars dudit Aumalle, que l'on nomme la mine, reuient au fetier au mars d'Amiens à deux fetiers & demy, demy quart de picquet.

Paix. LE fetier au bled du bourg de Poix, que l'on nomme la mine, reuient à la meſure d'Amiens à deux fetiers vn picquet & demy.

LE fetier au mars dudit lieu de Poix qui s'appelle la mine, reuient au au mars d'Amiens à deux fetiers vn picquet deux tiers de picquet.

Conty. LE fetier au bled meſure de Conty reuient à la meſure d'Amiens à vn fetier & deux tiers de picquet.

LE fetier au mars dudit lieu de Conty reuient à la meſure d'Amiens à vn fetier & vn quart de picquet.

Gamaches. LE fetier au bled meſure de Gamaches reuient à quatre fetiers d'Amiens.

LE fetier au mars dudit lieu reuient à la meſure au mars d'Amiens, à trois fetiers vn picquet.

L E fetier au bled de Picquigny reuient à la mefure d'Amiens à vn fetier demy picquet.

LE fetier au mars dudit Picquigny reuient du tout à celuy d'Amiens.

L E fetier au bled de Bray reuient au fetier d'Amiens à vn fetier & demy & demy tiers de picquet, de forte que les douze fetiers qui font le muy dudit lieu de Bray, reuiennent a dix-huit fetiers & demy & demy picquet mefure d'Amiens.

LE fetier au mars dudit lieu de Bray reuient à vn fetier & demy tiers de picquet mefure d'Amiens.

LE fetier au bled mefure d'Encre reuient à vn fetier trois picquets & vn quart de picquet mefure d'Amiens, en forte que les douze fep-tiers qui font le muy reuiennent à vingt-vn fetier trois picquetz mefu-re d'Amiens.

LE fetier au mars dudit lieu d'Encre reuient á vn fetier & demy & demy picquet mefure d'Amiens, en forte que les douze fetiers d'Encre qui font le muy reuiennent a la mefure d'Amiens a dix-neuf fetiers & demy.

LES treize fetiers mefure de Beauuais, tant au bled que au mars re-uiennent à la mefure d'Amiens à douze fetiers.

LE fetier au bled mefure de S. Vallery, reuient à quatre fetiers & de-my mefure d'Amiens.

LE fetier au mars a ladite mefure de S. Vallery reuient à trois fetiers & demy mefure d'Amiens.

L E fetier au bled mefure de S. Ricquier reuient à trois fetiers trois picquets & vn tiers de picquet á la mefure n'Amiens.

LE fetier au mars mefure de S. Riquier reuient à trois fetiers demy picquet mefure d'Amiens.

LE fetier au bled mefure de Dompmard lez Ponthieu reuient á quatre fetiers mefure d'Amiens.

L E fetier au mars dudit lieu reuient à deux fetiers & demy & deux tiers de picquet mefure d'Amiens.

LE fetier au bled mefure de Granviller, que l'on nomme la mine, reuient a vn fetier & demy, & demy picquet mefure d'Amiens.

LE fetier au Mars dudit Granuiller, que l'on nomme la mine, reuient à deux fetiers au mars mefure d'Amiens.

LE fetier au bled de Gerberoy, que l'on appelle la mine, reuient à vn fetier trois picquets, en forte que les douze mines qui font le muy du-dit Gerberoy, reuiennent à vingt-vn feptiers d'Amiens.

LA mine au mars dudit Gerberoy reuient à deux fetieis vn tiers de picquet mefure d'Amiens.

LE fetier au bled mefure de Noyon reuient à vn fetier trois picquets mefure d'Amiens.

LE ſetier au mars de Noyon reuient à deux ſetiers trois picquets meſure d'Amiens. Ils ont audit Noyon tant au bled que à l'auoine huiƈ ſetiers au muid.

Dieppe.

LE ſetier au bled que l'on nomme mine meſure de Dieppe reuient à trois ſetiers demy picquet meſure d'Amiens.

Montreüil.

LE SETIER au bled meſure de Montreüil reuient à quatre ſetiers meſure d'Amiens. Le ſetier au mars audit lieu reuient à trois ſetiers vn picquet & demy meſure d'Amiens.

Dourrier.

LE ſetier de Dourrier tant au bled que au mars eſt ſemblable à celuy de ladite ville de Montreüil

Labroye.

LE ſetier au bled meſure de la Broye, reuient à quatre ſetiers meſure d'Amiens. Le ſetier au mars, dite meſure de la Broye, reuient à trois ſetiers vn picquet à ladite meſure d'Amiens.

Combien de picotins au ſetier.

PAR Ordonnance du liure noir de l'Hoſtel de Ville fol. 202. commencé en l'an 1565. iuſques en l'an 1578. le ſetier au mars doit contenir douze picotins d'auoine.

Reduction de pluſieurs autres meſures.

Meſures.

Au verjus.

A l'huille.

Baril à la biere.

E N ladite ville d'Amiens la meſure au verjus nouueau s'épalle au pot de la goudaille.

ET quand il eſt bien paré, à la meſure au vin.

LA meſure à l'huile s'épale à la meſure au vin

LE baril d'huile contient cinquantedeux pots de vin.

LE baril à la biere contient cinquante-deux pots à la biere.

Septier de Chaux.
De Charbon de terre.
Cotte de fruict.
Baril de guelde.

LA chaux & le charbon de terre s'épalent à la meſure à l'auoine, c'eſt aſſauoir vn ſetier & demy d'auoine à rez pour vn ſetier de chaux ou de charbon de terre à comble.

LA demie coſte de fruiƈ contient deux ſetiers à l'auoine.

LE baril de guelde contient quatre-vingtz dix pots à la ceruoiſe & y a douze barils au tonneau, qui reuient à vingtz-quatre barils meſure du Caën en Normandie.

Contenance du bareul ou blencau.

LE bareul, ou blencau de ſable ou argile, doit contenir cinq ſetiers meſure au mars.

Charrette à moillon.

LA charette de moillon doit contenir de longueur ſept pieds & demy de charge, pied de ville, de largeur par bas ſur les geſtes, deux pieds deux doigts, & les pamelles d'vn pied dix doigts de hauteur.

Le journel.

LE journel a cent verges, & la verge vingt-vn pieds carrez, pied de ville, & n'a le pied que vnze poulces de ville, qui vallent vnze pouces

& vn

& vn tiers de poulce de roy. Le pied de roy eſt plus long de deux tiers de pouce que le pied de ville: mais le pouce de ville eſt quelque peu plus fort que le pouce de roy, en ſorte que le pied de ville contenant vnze pouces, fait vnze pouces & vn tiers de pouce du pied de roy.

La Verge.

Le pied.

LA TOISE contient ſix pieds, la toiſe carree contient trente-ſix pieds, & la toiſe carree cube deux cents ſeize pieds.

Toiſe.

LE gros bois, tant boiſes que hallots, contient quatre pieds & demy de long.

Longueur du gros bois.

L'Eſchalat contient cinq pieds & demy, & doit auoir par le gros bout trois pouces de tour.

LA verge à pailloler & jardiner contient dix pieds de long, & doit porter par le gros bout vn pouce eſcatté.

Longueur de l'eſchalat & groſſeur.

LE fagot doit contenir de groſſeur   & doit eſtre fourny de ſix gros paremens de la longueur de deux pieds & demy chacun.

Longueur & groſſeur du fagot.

L'AVLNE de Roy contient par ordonnance royal, trois pieds ſept pouces huit lignes, pied & pouce de roy.

LA jarbee de paille doit pezer vingt liures.

LA demie dix liures.

Contenance de l'aulne du Roy.

LE trouſſeau de foin doit pezer ſeize liures.

LE ſetier de vin jauge d'Amiens contient deux pots demy lot meſure au vin. Les deux ſetiers quatre pots vn lot. Les quatre ſetiers neuf pots. Les huit ſetiers ſont dix-huit pots, qui eſt demy muid de vin.

Poids du trouſſeau de foin.

Setier de vin.

ET le muid de vin jauge d'Amiens reuient à ſeize ſetiers, qui font trente-ſix pots.

Contenance du muid de vin.

Iauge & contenance des pierres tant de croye, pierre dure, que de grez, brique & autres materiaux.

CHACVN carreau de millier tant de grez, pierre dure ou tendre doit eſtre de telle hauteur que les trois tas faſſent deux pieds de hauteur en maçonnerie au pied de ladite ville d'Amiens: Les trois carreaux en hauteur tous taillez; pour reuenir à laquelle meſure eſt requis que chacun carreau ait huit pouces de haut, & autant de lict & de longueur en parement l'vn portant l'autre, les trois carreaux doiuent reuenir à deux pieds & demy ou trois pieds.

Hauteur de chacun carreau de grez, & de pierre.

LES boutiz doiuent porter pareille hauteur & longueur que les carreaux & pied & demy de queuë.

Boutis.

LES aiſſeliers doiuent auoir pareille hauteur que les carreaux & de

Aiſſeliers.

P

longueur en parement, de 14. à 15. pouces & vn pied de lict.

LES coins simples doiuent auoir huit pouces de haut, pied & demy de flacque, & vn pied de teste, le tout de jointure franchement.

Coins.

LES coins doubles dix à vnze poulces de haut, pied & demy de teste & deux pieds de flacques.

Doubles car-
reaux.

LES doubles carreaux dix à vnze poulces de hauteur, treize poulces de long & vn pied de lict.

Pendans.

LES pendans quatre pouces de hauteur, de huit à neuf pouces de long & vn pied de queuë.

Entablement.

LES pieces d'entablement que l'on vend au pied, doiuent auoir vn pied de haut, deux pieds de lict, & par les joints demy pied de carré.

Marchez de
grez.

LES marches de grez doiuent porter vn pied de pallis, de six à sept pouces de haut & s'il y a escornure elle se deduit à la mesure.

Libes.

LES pierres blanches de croye que l'on dit libes, seruans à faire fondemens de maçonnerie, doiuent porter neuf à dix pouces de haut, de joint quatre à cinq pouces sur les longueurs qu'elles requierent & pied & demy de queuë.

Carreaux de
grez a pauer.

LES carreaux de grez seruant a pauer, doiuent estre de trois a quatre poulces de parement, & cinq poulces de queuë.

Materiaux de
maçonnerie se-
ront esgardées
parauant les
vendre.

LESQVELLES matieres doiuent estre visitees par les Egards Maçons, & ne les peuuent les carliers & grefiers vendre auparauant ladite visitation, à peine de quarante sols parisis d'amende.

POVR laquelle visitation est ordonné au dits Egards à payer par les vendeurs, assauoir poru chacun millier de carreaux doubles & simples, boutiz & aisselins vingt deniers.

DE chacun millier de coin doubles & simples,   cinq sols.

DE chacun millier de pendans,   dix deniers.

DE chacun millier de paué   dix deniers.

Matieres de-
fectiues seront
rompues.

ET si lesdits Egards trouuent faute sur la visitation desdites matieres, les vendeurs escheent en vingt sols parisis d'amende pour chacune fois.

ET si doiuent lesdites matieres esquelles sera trouué faute, estre rompuës par lesdits Egards afin qu'aucuns n'en puissent estre deceuz,

Sallaire de
mesurer la
pierre.

NVL autre que lesdits Egards ne peuuent mesurer la pierre au pied tant de grez, pierre dure que de croye, sur peine de vingt sols parisis d'amende. Et pour leurs salaires leur est ordonné de chacun cent de pieds vingt deniers. En faisant laquelle mesure ils doiuent deduire & deffalquer aux acheteurs les ruptures ou layes qu'ils y trouueront.

Ruptures ou
layes de pierre
ne sont de me-
sure.

LA brique estant cuite doit auoir de long huit pouces vn quart, de large quatre pouces, & de haut deux pouces, le tout pouce de ville.

LA CHAVX auant estre venduë doit estre visitee par les Egards Maçons Couureurs & Pailloleurs, ou par deux d'entre eux, & pa-

rauant ladite visitation le chaufoutier ne les peut vendre, à peine de
quarante sols parisis d'amende.   Et pour leur visitation leur est ordonné huit deniers du muid, à payer par le vendeur.

SI la chaux est deffectiue, le vendeur escherra en vingt sols parisis
d'amende.

LES Maçons qui mettent la chaux en œuure, si partie est deffectiue
en doinent aduertir celuy pour lequel ils besongnent : afin qu'ils puissent rabattre l'interest qui y est au vendeur, duquel interest lesdits Maçons seront creuz, sans autre solemnité de Iustice garder.

EST deffendu aux chaufouriers deliurer la chaux à autres mesures
que mesures de bois, flatries & justifiees à la marque de la ville en l'Hostel commun. Pour mesurer laquelle chaux y a deux mesureurs jurez,
pourueuz en titre d'office, ausquels ils sont donnez par Mr le Maieur.

ET pour leurs salaires leur est ordonné.

ET pour le regard du sablon pour besongner de maçonnerie, il est
deffendu à toutes personnes de le prendre ailleurs que au fossé, au deuant de l'Esperon de Longueuille, en peine de quatre escus dix sols, &
de confiscation des cheuaux & bleneaux.

ET sur semblable amende est ordonné que les meneurs & vendeurs
de sablon auront leurs bareux ou bleneaux fermez par derriere aussi
haut que pardeuant, contenant cinq setiers mesure au mars, espalez &
flatris par l'Huissier de la ville.

Poids & prix des pieces d'or & d'argent ayans cours par l'Edict fait par le Roy en l'annee 1577.

A Piece de Franc peze vnze deniers vn grain, qui reuiennent a 265. grains, vaut vingt sols.

LE demy franc cinq deniers douze grains, vaut dix sols.

LE quart de franc deux deniers dixhuit grains, vaut cinq s.

LE quart d'escu, sept deniers douze grains, quinze sols.

LE demy quart d'escu, trois deniers dixhuit grains, sept
sols six deniers.

LE teston sept deniers dix grains,   quatorze sols six deniers.
LE demy teston trois deniers dix-sept grains, sept sols trois deniers.
LA piece de quatre realles d'Espagne, dix deniers seize grains, vingt sols.
LA double realle d'Espagne, cinq deniers huit grains,   dix sols.
LA realle d'Espagne deux deniers seize grains,   cinq sols.
LA demie realle vn denier huit grains,   deux sols six deniers.

L'Efcu fol deux deniers quinze grains vaut foixante fols, lequel efcu eft le pied de toutes autres efpeces tant d'or que d'argent.

LE demy efcu fol vn denier fept grains & demy trente fols.

L'Efcu couronné, deux deniers quatorze grains, cinquante-neuf fols.

L'Efcu vieil, trois deniers vaut foixante-douze fols.

Royaux d'or & Francs à pied & à cheual, 2. deniers 20. grains, vallent.

LE double Henry, cinq deniers dix-fept grains,   deux efcus dix fols.

HENRY fimple, deux deniers, vingt grains,   vn efcu cinq fols.

DEMY HENRY, vn denier dix grains,   trente-deux fols fix deniers.

VIEIL double ducat d'Efpagne, cinq deniers dix grains, 2. efcus 8. fols.

DVCAT vieil d'Efpagne, deux den. 17. grains,   vn efcu quatre fols.

Double piftolet d'Efpagne, cinq deniers fix grains,   vn efcu 56. fols.

PISTOLET d'Efpagne deux deniers quinze grains, cinquante-huit f.

Double Ducat de Portugal, appellé Milleray, cinq den. 2. efcus huit fols.

DVCAT de Portugal, trois deniers,   vn efcu quatre fols.

Poids du Marc.   LE MARC contient huit onces, l'once huit gros, le gros trois deniers. & le denier 24. grains; partant l'once a 576. grains, & le marc quatre mil fix cens huit grains: a vn denier le grain l'once reuient à 48. fols, &

Ne que vn gros c'est vn demy grain du Marc.   le marc à fix efcus 24. f. A dix-huit deniers le grain reuient à 43. liures quatre fols l'once. Au marc y a 17. pieces de franc, vn quart, demy, quatre grains & demy.

POVR fçauoir le lieu où les monoyes fe font en ce Royaume, l'on a donné à chacune ville ou prouince vne lettre. comme il s'enfuit,

Marques des lieux ou l'on forge Monnoye.   ASSAVOIR à la ville de Paris A, Roüen B, Saint-Lo C, Lyon D, Tours E, Angers F, Poictiers G, la Rochelle H, Limoges I, Bordeaux k, Bayonne L, Tholofe M, Montpellier N, Moullins O, Dijon P, Chaalons Q, S. André R, Troyes S, Sainte-Menhouft, T, Thurin V, Amiens & Villefranche ont chacun X. Bourges Y, Dauphiné Z. Prouence &, Caén †

POVR pezer l'or au poids du marc fuiuant l'Edict d'Octobre 1640.

L'ONCE d'or d'Efpagne vaut   44. liures 13. f. 9. d.

DEMIE ONCE,   vingt-deux liures fix fols fix deniers.

LE GROS pezant trois deniers,   cinq liures vnze fols trois deniers.

LE demy gros pezant 36. grains   55. fols dix deniers.

LE DENIER pezant 24. grains,   37. fols. 3. deniers.

DOVZE grains vallent   18. fols huit deniers.

SIX grains vallent,   neuf fols 4. deniers.

Ordonnances

Ordonnances touchant les Medecins, Apoticaires & Chirurgiens.

IL EST deffendu à tous les manans & habitans deladite ville, & aux forains y arriuans de quelque estat, qualité ou condition qu'ils foyent, d'eux entremettre du faict de la Medecine, s'ils ne font medecins, ayans acquis degré en la Faculté de Medecine, fur peine de punition de prifon & d'amende arbitraire.

Nul s'entremettra de medecine, s'il n'est Medecin.

COMME auffi est deffendu à toutes perfonnes d'exercer l'estat d'Appoticaire en icelle ville, ny vendre medecines fimples ou compofees: & pareillement d'exercer l'estat de Chirurgie, s'ils n'ont fait chef d'œuure, qu'ils ne foient receuz Maistres pardeuant Nous, & fait le ferment en tel cas requis, fur pareille peine & amende.

Nul n'excercera l'estat d'Apoticaire ny de Cirurg en s'il n'a fait chef dœuure.

AVSQVELS Apoticaires est enjoint auoir toufiours leurs boutiques, garnies de bonnes drogues, & autres chofes requife audit estat, & auoir vn tableau pendu efdit boutiques, contenans par le menu toutes les drogues qu'ils auront pour le fait de ladiie Apoticairerie, afin que aucuns n'en puiffent estre abufé leur est deffendu mettre par efcrit audit tableau autre chofe que ce dont qu'ils feront fournis, à peine d'amende arbitraire.

Apoticaires auront leurs boutiques garnies de bonnes drogues.

LEVR est deffendu d'ordonner ou bailler aucune medecine laxatiue, ou compofée fans ordonnance de medecin, fi ce n'est en cas de grand neceffité que i on ne puiffe hatiuement recouurer defdits medecins.

Ne bailleront medecine fans ordonnance du Medecin

LESQVELS medecins feront tenuz d'atter & figner leurs ordonnances & les apoticaites, faire fidellement leurs medecines, felon le contenu aufdites ordonnances, fans aucune chofe y adiouster ou diminuer, & garder & pendre au crocq lefdites ordonnances, & icelles reprefenter quand ils en feront requis.

Medecins datteront & figneront leurs ordonnances.

PAREILLEMENT est deffendu aufdites appoticaires de faire aucune compofition comme triacle metridrac, & pareillement compofitions laxatiues ou gist grand danger fi elles font faites de vieilles & mauuaifes drogues, fàs euoquer & appeller les medecins de ladite ville, ou du moins les deux d'entre eux pour voir & vifiter lefdites drogues.

Feront les triacles & metridrac prefens les Medecins.

SEMBLABLEMENT est deffendu de tenir en leurs maifons ou boutiques aucunes medecines, faites a leur plaifir, fi les difpenfations d'icelles ne font approuuées par quelque docteur en medecine.

COMME auffi est fait deffences de faire a l'aduenir aucuns diftila-

Ne feront diftilations ou reftaurat fansor-

Q

tions ou restora sans ordonnance du medecin, congnoissant la maladië ou complexion du malade pour lequel lesdits restora sera fait & ordonné.

EST enioint à tous lesdits Apoticaires, & aux Chirurgiens de ladite ville d'exercer lesdit estat en toute fidelité & preud'homie, sans entreprendre l'vn sur l'autre, ny sur l'art des Medecins: ausquels Chirurgiens est deffendu ordonner, ny faire aucune phlebotomie, sans ordonnance & aduis desdits Medecins. Le tout sur peine d'amende arbitraire.

SI est ordonné, que à l'auenir de trois mois en trois mois, visitation sera faite par Messieurs, auec deux desdits Medecins & Apoticaires, de toutes les drogues, eaües seruans à la Medecine és maisons desdits Apoticaires & Chirurgiens, pour connoitre & iuger promptement de la bonté ou deffection desdites drogues: Et si lesdits Apoticaires sont suffisamment fournis de bonnes drogues suiuant leurs tableaux, & en faire telle punition & correction qu'ils trouueront estre à faire par raison. Et par sentence du mois d'Aoust mil six cens neuf, il est ordonné que visitation sera pareillement faites des confitures & dragers chez les confituriers.

ET est enioint à tous Chirurgiens, qui auront pensé aucuns blessez ou naurez d'en venir faire leur rapport au bureau, en dedans vingt quatre heures apres qu'ils auront appliqué le premier appareil, à peine d'vn escu vn quart d'amende à fin que l'on en puisse informer, & connoistre les occasions le plus diligemment que faire se pourra.

Tauerniers & Hostelains.

NVL ne peut vendre vin en ladite ville à tauerne, qu'il ne soit inscrit, n'ait payé les droicts pour ce deubz à la ville & aux Egards, & fait le serment en tel cas requis, lesdits Egards presens: comme aussi nul ne peut tenir hostellerie sans estre inscrit, & auoir fait le serment.

TOVS ceux qui manient poil & gresse en leurs estats, vinaigriers & tous autres qui exercent autres estats mecaniques, ne peuuent vendre vin à detail en ladite ville, à peine de confiscation, & de vingt escus d'amende, s'il n'est qu'il procede de leur crû.

SONT tenus apporter l'affor de chacune piece en l'Hostel commun de cette Ville, pour y mettre prix selon la bonté, suiuant la coustume, & l'Arrest de la Cour de Parlement, à peine d'vn escu quinze sols d'amende:

LEVR est deffendu d'exceder le prix qui leur sera baillé, ny vendre aucun vin à plus haut prix que celuy de l'Ordonnance, à peine de quarante escus pour la premiere fois, qui doublera & quadruplera pour la seconde & troisieme fois.

Le pris baillé au vin ne fera excedé.

LEVR est enjoint attacher à l'entree de leur maison, ou sur ruë en lieu eminent vn escriteau en lettre lisible, qui contiendra le crû & le prix du vin qu'ils venderont, sans y commettre aucun déguisement, à peine de dix escus d'amende.

Attacher escriteau du pris du vin.

DEFFENCES leur sont faites d'eux trouuer dans l'Estappe, tatter, marchander, ne y acheter vin, ny autres pour eux parauant douze heures de midy, à peine de deux escus cinq sols d'amende, suiuant l'Arrest de la Cour de Parlement.

Heures aux tauerniers & autres d'entrer en l'estaple.

LEVR est enjoint souffrir, entrer en leurs caues les personnes achetans vins qui y veullent entrer, pour le voir tirer & mesurer, à peine d'amende arbitraire.

L'on entrera aux caues pour voir tirer le vin.

D'AVOIR caues separees pour mettre vins de diuers crûs, & leur est deffendu de mettre leurs vins de Beauuoisis & de Somme en méme caue auec les vins François, Auxerrois, Soissonnois, ou autres bons vins à peine de dix escus d'amende.

Vins de diuers creus serõt mis en caues separées.

NE peuuent vendre aucun vin nouueau qu'il n'ayt reposé du moins quinze iours sur les chātiers, à peine de quatre escus dix sols d'amende.

Vin nouueau reposera 15. iours parauant le vendre.

COMME aussi leur est deffendu vendre vin s'il n'est bon & loyal, & digne d'entrer au corps humain, & de les broüiller ne mixtionner de chose qui puisse offenser ceux qui le boiront, à peine d'estre tirez de leurs caues & espandus sur le paué au deuant de leurs maisons, & d'amende arbitraire.

Deffences de brouiller & mixtionner le vin.

LEVR est aussi deffendu d'auoir & tenir en leur maison de l'eau de vie en quelque endroit ne pour quelque occasion que ce soit, à peine de confiscacion & d'amende arbitraire.

Tauerniers n'auront eau de vie.

ET de receuoir en leurs maisons aucuns habitans à boire & manger ne pour ce faire leur administrer pain, vin ne viande, à peine de huiǎ escus vn tiers d'amende pour la premiere fois, & de seize escus deux tiers pour la seconde & de prison, & pour la tierce de punition corporelle, & d'amende arbitraire.

Ne receuron habitans a boire.

D'AVANTAGE est enioint ausdits Hostelains d'auoir leurs prouisions necessaire de foing, & d'auoir leurs picotins flatris garder & obseruer le taux des viures & attacher autant dudit taux en leurs Hostelleries en lieu eminent, où leurs hostes le puissent lire à peine de 4. escus dix sols d'amende le festier d'auoine, ne doit contenir que douze picotins par ordonnance de la pollice au registre de l an 1565. fol. 102.

Hostelains seront pourueus de foing & d'auoine.

ENIOINT ausdits hostelains, aporter chacun iour incontinent les portes de la ville fermées vn breuet signé d'eux contenant les noms,

Aporteron chacun iour i breuet de leu hostes.

surnoms qualitez & demeurance de leurs hostes en la maison de celluy qui y est commis par mesdits sieurs tant de ceux qui y seront arriuez ce mesme iour que ceux qui y sont dés iours precedents.

Forains n'iront au soir auant la ville.

LEVR est enioint aduertir leurs hostes que par l'ordonnance de la police, il est deffendu à toutes personnes d'aller la nuict auant la ville en hiuer apres sept heures & en esté apres neuf heures, sans y porter lumiere.

Ne sortiront de leurs hostelleries en cas d'effroy.

Draps forains ne seront vendus és hostelleries.

ET s'il suruient aucun effroy, ou allarme la nuict, aduertiront leurs hostes qu'ils se gardent bien sortir hors leurs hostelleries, parce qu'il est deffendu aux forains, d'eux trouuer parmy la ville esdits cas d'effroy où allarme.

LEVR est prohibé & deffendu de permettre, vendre en leurs hostelleries aucuns draps forains, qu'ils n'ayent esté premierement portez aux halles, visitez & marquez par les esgards.

Fil de sayette ne sera poisé ne vendu és hostelleries.

PAREILLEMENT leur est deffendu d'y permettre vendre ny poiser aucun fil de sayette.

Ny grains fruicts, poisson n'autres viures.

NE d'y vendre les grains fruicts, poissons, ne autres viures lesquels doiuent estre vendus aux places publicques à ce destinées.

LE tout à peine d'amende arbitraire selon l'exigence des cas.

Prez mal acquis.

LES proprietaires des prez mal acquis, par le bail a ceus qui en a esté fait au plus offrant le 6. Mars mil 1546 outre la redeuance de quatre escus quarantes solz, par an qu'ils en doiuet au Domaine de la ville, sont tenus liurer chacun an le nombre de   bottes d'herbe en vert

Grosseur de chacune botte d'herbe quel on doit vendre.

de la grosseur de dix paulmes chacune botte, biē & suffisamment lies aux iours & aux personnes qui ensuiuent, sur peine de soixante solz, parisis d'amende pour chacune fois.

Iours lieux à qu'elles personnes, & combiē l'on doibt rendre de bottes d'herbe pour les prez mal acquis.

A sçauoir le Ieudy precedent le iour de l'ascension, en la maison de monsieur le Maieur, au delinrement des draps des Officiers 4. bottes.

LES veilles des festes de l'ascension, & du sainct Sacrement, en la maison dudit Sr. le Maieur, de chacun ancien Maieur, & en l'hostel de ville huict bottes.

A chacun Escheuin, Aduocat, Procureur, Greffiers, Receueurs, Maistres des ouurages & controlleurs, quatre bottes.

EN chacune veille d'icelles deux festes de l'Ascensin, & du Sacrement, aux maisons du noir mouron, de la roze, & des faucons, scituées audeuant de la grande Eglise, nostre Dame d'Amiens, 1 bottes.

AV

Au carfour S. Martin au Bourg,   foixante bottes.
Deuant le Beffroy,   douze bottes.
Au carfour de la pierre S. Firmin,   feize bottes.
Deuant les Sœurs Grifes,   douze bottes.

En chacun coin de rue, par lefquels paffent les Proceffions defdits jours de l'Afcenfion, & du Sacrement,   douze bottes.

Chacun iour de Lundy & Vendredy en la Maifon commune d'icelle ville, tant pour la falle que pour la plaidoirie,   dix bottes.

Et en chacun iour d'Efcheuinage   vne botte.

Nota, que cy aprez au feüillet   eft encore vn chapitre concernant ledit Pré Mal-acquis.

Nota, que par Sentence donnée à l'Audience de la Iuftice Ciuile du Baillage d'Amiens, le 18. Iuin 1613. Iean Leftocq propriétaire du pré Mal-acquis, a efté condamné fournir le nombre des bottes d'herbes, porté par le Bail à cestuy egard au nombre des Efcheuins qui eftoient lors du contract de Bail, eft ordonné que les bottes d'herbes aux Efcheuins qui ont efté retranchez par l'Edit de 1597. feroit employee le iour de la Proceffion generalle, qui fe fait par chacun an à pareil iour de la Reduction de ladite ville.

VN denier par iour, fait par an   trente fols. 6. d.
   Deux deniers par iour, font par an   vn efcu dix deniers.
Trois deniers par iour font par an   vn efcu 31. f. 3. den.
Six deniers par iour, font par an   trois efcus 3. fols.
Deux fols par iour, font par an,   douze efcus dix fols.
Trois fols par iour, font par an,   dix huit efcus 20. 5. fols.
Quatre fols par iour, font par an   vingt-quatre efcus 10. f.
Cinq fols par iour, font par an   trente efcus quinze fols.
Dix fols par iour, font par an   foixante efcus dix fols.
Quinze fols par iour, font par an   quatre-vingts vnze efcus 15. fols.
Vingt fols par iour, font par an   fix vingtz vn efcu 40. fols.
Vingt-cinq fols par iour, font   fept-vingtz 12. efcus 25. f.
Trente fols par iour, font   neuf-vingtz deux efcus vingt fols.
Quarante fols par iour, font   deux cens quarante-trois efcus. 20 f.
Cinquante fols par iour, font   trois cens quatre efcus dix fols.
Vn efcu par iour, fait   trois-cents foixante-cinq efcus.
Deux efcus par iour font   fept cens trente efcus.
Trois efcus par iour font   mil quatre-vingtz quinze efcus.
Quatre efcus par iour font   quatorze cens foixante efcus.

R

Cinq escus par iour font   dix-huit cens cinq escus
Dix escus par iour, font   trois mil six cens cinquante escus.
Vingt escus par iour font   sept mil trois cens escus.

AVTREMENT.

Huit escus vingt sols de rente vallent par iour   16. den. pite 3-quarts,
Seize escus 40. s. de rente vallent par iour   2. s. 6. den. ob. pite & dem.
Vingt-cinq escus de rente vallent par iour   4 s. vn d. pite & q.
Trente trois escus 20. s. de rente vallent   5. s. 5. d obole pite.
Cinquante escus de rente vallent par iour   8. s. 2. d. obole demie p.
Cent escus de rente vallent par iour   seize s. cinq deniers pite.
Deux cens escus de rente vallent par iour   trente-deux s. 10 d ob.
Trois cens escus de rente vallent par iour   49. s. 4 d. obole pite.
Quatre cens escus de rente vallent par iour   vn escu 5 s. 9. den.
Cinq cens escus de rente vallent par iour   vn escu 2 2. s. 2. den. ob.
Mil escus de rente vallent   2. escus 44. s. 4. d. obole.
Deux mil escus de rente vallent   cinq escus 28. s. 9 den.
Trois mil escus de rente vallent   huit escus treize s. vn denier ob.
Quatre mil escus de rente vallent   dix escus 57. s. 6. den.
Cinq mil escus de rente vallent   treize escus 41. s. 9 den. obole.
Dix mil escus de rente vallent   27. escus 23 s. 9. deniers.

Ordre des cierges qui se portent à la procession le iour du S. Sacrement.

LE Cierge des Laboureurs premier portant.
Boulengers aprez.
Brasseurs.
Tauerniers.
Bouchers.
Poissonniers de mer.
Poissonniers d'eau douce.
Maronniers.
Broutiers.
Guelderons.
Tanneurs.
Cordonniers.
Sueurs de viez.
Taffetiers & boursiers.

Gantiers.
Pelletiers.
Tisserans de draps.
Pareurs & Tondeurs.
Pourpointiers.
Parmentiers.
Chaussetiers.
Bonnetiers.
Chapeliers.
Merciers.
Patissiers.
Sayteurs.
Tisserans de toile.
Couureurs.
Mareschaux.

Barbiers.	Maffons.
Orfevres.	Archers.
Huchers. Charpentiers.	Arbaleftriers.

Officiers & autres exempts de porte, guet & réveil.

MONSIEVR le Maieur & ceux de fa porte auec deux dizaines des gens du guet qui font tenus l'affifter de nuit, quãd il luy plaift aller fur les ramparts, ou ouurir l'vne des portes de la ville.

MONSIEVR le Capitaine, fes deux Lieutenans, auec deux dizaines de gens du guet de quarante hommes, qui font tenus les affifter la nuict quand il leur plaift aller fur les ramparts.

Monfieur le Preuoft du Roy.

Le Greffier de la ville.

Le Controlleur des ouurages.

Le Greffier des portes.

Le Greffier du guet.

Les fergens à maffe.

L'Huiffier de la ville.

Le feruiteur des ouurages.

La trompette.

Le Herault.

L'horloger.

Les deux petits portiers veillans.

Les fergens des cannes.

Le fergent meffier.

Les fergents du guet de nuict de la ville.

Le fergent du guet de nuict des ramparts.

Les defchargeurs de vin.

Les deux chaininiers.

Les feruiteurs des portes.

Les guetteurs du beffroy, & des grilles.

Le clocheteur.

Le faigneux des peftiferez.

L'executeur de la haute iuftice.

POVR LA GARDE STATIONNAIRE ORDONNEE TANT POVR la seureté de la ville, que pour empescher & rompre les esmotions populaires, en dix dizier quartiers & carfours de ladite ville ont esté establis au mois de may mil cinq cens quatre vingt six pour y commander par les quartiniers, cy apres nommez, en l'estenduë desdits quartiers, dont la declaration ensuit.

Au grand marché deuant les rouges chappeaux.

QVARTINIERS.

M. Anthoine Scourion.
M. Gaudefroy de Baillon.
Iean Saguyer.
Iean de Vauchelles.

Estenduë dudit quartier.

TOVS ceux qui sont demeurans sur le grand marché iusques au moulin du Roy, les ruës des Orteures. Sainct Germain iusques aux sœurs grises : des Thanneurs iusques au blocq : des trippes, la ruë conduisant au beffroy iusques aux halles, les ruës au Ilot de la double cheelle : du chappeau de viollette : de gournet.

Petit marché deuant la nef d'argent.

QVARTINIERS.

Firmin Pingré.
Louis Petit.
M. Anthoine le Bel.
Alexandre le Vielle.

Estenduë dudit quartier.

TOVS les habitans demeurans sur le petit marché és ruës de merderons, és ruës conduisans de ladite ruë des merderons iusques à la rue Sainct Germain, les rues du guindal, du marché aux pourceaux, du grand cay de la poissonnerie d'eau douce : des miracles & autres iusques au maucreux : de la veronicle : du beguinage, du petit cay & toutes les rues de la velliere.

Carfour sainct Martin

QVARTINIERS.

Sire Iaspart Foüache.
Sire Nicolas de Nibal.
M. Adrian de Marœil.
M. Iean Martin.

Eſtendue dudit quartier.

LES rues de la fourbiſſerie, de la Drapperie, haute rue noſtre Dame des Vergeaux iuſques à la rue des Lombars, la vieille Ecolle iuſques à S. Fremin en Caſtillon, Deiunematin, des Lombars, la rue de l'Hoſte de ville, & du marché au fromage iuſques à la guinguande & les ruelles de S. Remy.

Noſtre Dame.

QVARTINIERS.
Iean le Pot l'aiſné.
Robert de Latre.
Vincent Cardon.
Anthoine Henry.

Eſtenduë dudit quartier.

Le Carfour deuant noſtre Dame, la baſſe ruë noſtre Dame, des Soufletz, des Gantiers, le Hocquet, Hayette, & queüe de Vache, les cloiſtres des Chanoines.

S. Leu.

QVARTINIERS.
Sire Iean Collemont.
Girard Collebert.
Pierre de Collemont.
M. Anthoine de Berny.

Eſtenduë dudit quartier.

LA chauſſée au Bled depuis le Bloc iuſques au pont du bras coppé, les ruës des Rincheuaux, du Don, Pauée, de la Plume, du Maioc, des Poirées, Mehault-fourniere autrement des Huchers, d'Engouleuant iuſques au bout, de Quiennes, des Bouteilles, & du Bourel, autrement Coſmole.

Au coin du Clairon.

QVARTINIERS.
Iean Cordelois.
Nicolas Decle.
Chriſtofle Guebuin.
François Scellier.

Eſtenduë dudit quartier.

La chauſſee au bled depuis le pont du bras coupé iuſques à la porte de Montreſcu, les ruës de l'Hoſtel-Dieu, Sainte Claire, des Poulies, Table de plomb, S. Sulpice, Gayant, de Rely, d'Infer, Duriame, des Celeſtins, des Parcheminiers, Becquerel, Defcoches, du Clairon, des Minimes, Mothe, Blanque taque, des Archers, de Landoulle, & autres audit endroit.

Puits des Vvatelets.

QVARTINIERS.

Sire François Gauguier.
Nicolas le Roy.
Pierre de Saiffeval.
Iean Quignon.

Eftendue dudit quartier.

La rue de Beauuois depuis l'efcu de Bretaigne iufques à la porte de Beauuois les rues des Louuetz, de la Narinne, des vvatelets, des Lirotz, Four defchamps, des Iardins iufques à la grand rue S. Iacque ladite grand rue S. Iacques iufques au Four defchamps la verde rue iufques aux rampars, & autres rues qui y font enclauées.

S. Fremin à la porte.

QVARTINIERS.

M. Simon le Matre.
Chriftofle du Gard.
M. Quentin Quefnel.
François de grez.

Eftendue dudit quartier.

La grande rue S. Iacques depuis la rue de la Hautoye iufques à la rue des Iardins: les rues de la Hautoye des Corroyers iufques à la verde rue, Franc-meurier, des Preftres, Fauxtimon, des Bricques, de l'Auenture, du Vidame, de la Fontaine, Bejotte, de Monceaux, le carfour S. Fremin à la pierre, de l'Efcorcherie iufques au marché aux pourceaux, de Merz, faint Medard, S. Marry, depuis le puits iufques a la rue S. Iacques, & la rue des Sœurs Grifes.

Belle Croix.

QVARTINIERS.

M. Adrien Pecoul.
Antoine Boullenger.
M. Pierre Famechon.

Eftendue dudit quartier.

Les maifons refpondiantes fur le dit carfour de la Belle Croix, les rues de Beauregard iufques à la Tour aux coulons, du petit Aue Maria, des Iacobins, des Rabuiffons, des Cordeliers iufques à la rue de Beauuais, la rue de Beauuais iufques à l'Efcu de Bretagne: de la Vieferie, S. Marry, iufqu'au puy du Vert annoy, des Vergeaux iufqu'à la rue des Lombards.

Deuant le grand portail S. Denis.

QVARTINIERS.
M. Adrien Picquet.
M. Charles Gorguette
M. Charles Picart.
M. Claude Gellee.

Estendue dudit quartier.

La rue du Beauregard depuis le Gavant, la grande rue S Denis, la rue Neufue, S. Denis iufques à la rue S. Michel, la rue de Noyon, la rue du Leu qui va à Dome de Riquebourg, la grande Efcolle, & porte de Paris, la rue S. Michel, du Soleil, Gloriette, l'Efcamette, des Auguftins, la mare l'Euefque, du Puy, la Croche & Rubempré.

Enfuit la forme ou renouuellement de la Loy, Mairie, Preuofté, & Efcheuinage de ladite ville d'Amiens.

PREMIEREMENT, pour l'eflection de Monfieur le Majeur, le iour S. Simon, S. Iude: celuy qui eft en charge dudit eftat de Majeur, & tous les Efcheuins fe trouuent au lieu nommé l'Efcheuinage, & fe mettent en vn chapeau autant de breuets de papier de mefme grandeur, pliez de mefme forte qu'il y a d'Echeuins prefens, aux fix defquels breuets eft efcrit ce mot ELECTEVR: ce fait lefdits Efcheuins, felon leur rang & ordre tirent chacun l'vn defdits breuets, & ceux aufquel efcheent lefdits fix breuets efcrits, demeurent auec ledit Sieurs le Maieur & le Greffier de ladite ville dedans ledit Efcheuinage. Et quant aux autres Efcheuins, ils en fortent promptement fans parler ne communiquer aufdits fix Electeurs, ny lefdits Electeurs les vns aux autres, & à l'inftant iceux Electeurs iurent folemnellement pardeuant ledict fieur le Maieur fur les faints Euangilles de Dieu, qu'ils efliront en leurs confciences auec ledit fieur le Maieur, toutes affeCtions ceffantes, & fans autre refpeCt que du bien public trois bons & notables perfonages d'icelle ville, pour l'vn d'eux eftre efleu Maieur, & à la pluralité de voix defdits Electeurs qu'ils baillent chacun par efcrit, fans communiquer les vns auec les autres, comme dit eft, ledit fieur le Maieur eft tenu de conclurre, comme dit eft: & fi lefdits Electeurs efcheent en egalité de voix, il conclud du cofté que luy femble eftre le plus apparent en fa confcience, auant fortir dudit Efcheuinage. Cela fait, ledit fieur le Ma-

Creation de
Majeur.

ieur, lefdits fix Electeurs & le Greffier vont porter par efcrit les noms,
& furnoms des trois plus nommez â monfieur le Bailly d'Amiens. ou
fon Lieutenant,& autres Officiers du Roy dudit bailliage affembliez ez
grandes halles,& où font euoquez les habitans portiers, Priuilegez du
Roy & Dixiniers, lefquels font appellez à tour de roole , & donnent
leurs voix par ballottes qu'ils mettent en trois cannes d'eftain preparees
à cet effet,à l'vn des trois nommez tel que bon leur plait: & quand chacun a donné fa voix,lefdites ballottes font compees, & deméure pour
Maieur pour vn an celuy qui fe trouue plus nômé,lequel eft demâdé en
l'inftant,& en la prefence du peuple en la falle de la Mal maifon: jure
par ferment folemnel pardeuant ledit fieur Bailly d'Amiens, ou monfieur fon Lieutenant faire fidelement fon deuoir en ladite charge de
Maieur,obeyr aux Edicts du Roy,conferue les habitans en leurs droits,
priuileges,franchifes & libertez:employer les deniers de ladite ville aux
effets à quoy ils font deftinez,& rendre iuftice â chacun.

Creation des
Receueur du
domaine Rece-
ueur des aydes
Maiftre des
ouurages.

PENDANT que mefdits fieurs font en leurdit Efcheuinage pour proceder à l'election des trois, pour l'vn d'eux demeurer Maieur, mondit
fieur le Bailly d'Amiens,ou fon Lieutenant, & autres Officiers du Roy
audit Bailliage,procederà la creation & election du Receeeur du Domaine, du Receueur des Aydes, & du maiftre des ouurages,& pour ce
faire ceux qui fortent à ce iour defdites charges,en nomment & prefen-
tent chacun trois au peuple y affemblé, lequel en eflit vn a la pluralité
des voix en chacune defdites charges, lefquels preftent auffi le ferment
publiquement pardeuant ledit fieur Bailly d'Amiens,ou fon Lieutenant.

Creation des
douze premiers
Efcheuins.

LE mefme iour à l'apres midy en l'Auditoire dudit Bailliage pardeuant ledit fieur Bailly ou fon Lieutenant, & officiers du Roy,fe fait ouuerture du coffre fermé à 3 clefs, dont l'vne eft és mains de Mr le Bailly
d'Amiens ou fon Lieutenât,vne autre és mains de monfieur le Maieur,
& la troifieme és mains de monfieur le Procureur du Roy, auquel le
iour precedent ont efté mis és prefences que deffus les breuets par efcrit
des Portiers.Priuilegez du Roy & Dixiniers,contenans les nominations
des douze premiers Efcheuins , lefquels breuets font leuz l'vn aprez
l'autre par le Procureur Fifcal de ladite ville,à la veuë & controolle dudit fieur Procureur du Roy, lefquelles nominations font colligees par
efcrit par le Greffier ciuil dudit Bailliage, & par le Greffier de ladite ville,lefquels ont auec eux chacun deux fcrutateurs, pour voir & controol-
ler les recueils qu'ils font defdites nominations, & les douze qui fe trouuent plus nommez,eftans de la qualité requife,dont fera cy aprez parlé
demeurent Efcheuins pour vn an.

Et le lendemain matin ils font mandez en l'Auditoire dudit Bailliage, &

ge, & en la prefence du peuple, font le ferment d'Efcheuin pardeuant
ledit fieur Bailly d'Amiens ou fon Lieutenant.

CELA FAIT, ledit fieur Maieur, & les douze nouueaux Efcheuins
s'affemblent en leur Efcheuinage, où lefdits douze Efcheuins nomment
& effifent chacun vn autre Efcheuin felon f ordre de leurs dignitez, ou
reception, & fur chacune nomination fe recueillent les aduis des autres
Efcheuins, pour fçauoir fi les nouueaux nommez font capables, & de la
qualité requife, & s'ils ne le font, leur eft ordonné en nommer vn autre.

SI AVCVNS des douze premiers Efcheuins font abfents ou malades, & ne peuuent comparoir audit Efcheuinage pour nommer vn autre
Efcheuin, monfieur le Maieur les nomme en leur lieu, au mefme ordre
& rang que feroient les abfens, s'ils y eftoient.

A L'INSTANT les douze Efcheuins derniers nommez font en-
uoyez querir par diuers fergeans, & preftent le ferment audit Efcheuinage perdeuant Monfieur le Maieur.

PAR APREZ, tons lefdits Efcheuins prefens, tant les premiers que
les derniers, ayans prefté le ferment pardeuant ledit fieur le Maieur,
nomment par efcrit chacun trois d'entre eux, pour exercer la Preuofté
Royale de ladite ville en ladite annee, & y demeure commis le plus
nommé: & en cas d'égalité de voix, monfieur le Maieur a la voix con-
clufiue, & en donne à qui bon luy plaît, & prefte le ferment deuant ledit
fieur Maieur.

PAR mefme forme & aprez preftation de ferment, lefdits Efcheuins
nomment tous par efcrit quatre d'entre eux, de la qualité de marchand,
& non autres, pour le plus nommé demeurer Iuge, & les trois autres
Confuls des Marchands pour le Roy en ladite ville pour ladite annee, &
preftent le ferment deuant ledit fieur Maieur, & ne peuuent aucuns eftre
continuez deux ans en ladite charge fuiuant l'Edict.

PAR l'ancien Statut de ladite Ville, le Maieur d'icelle ne peut eftre
continué deux annees confecutiues.

EN vne mefme annee ne peuuent eftre en l'Efcheuinage le pere &
le fils, deux freres ou beau-freres, l'oncle & le neveu, ny deux coufins
germains, fuiuant l'ancien Statut: & la Sentence donnee par Monfieur le
Bailly d'Amiens, ou fon Lieutenant, le 6. Iuillet 1563. confirmé par
Arreft de la Cour de Parlement le 6. Octobre audit an.

PAR le mefme Arreft eft porté qu'audit eftat d'Efcheuin, ne pourront eftre efleuz ne pourveuz que notables perfonnes, tant de robbe
longue que marchands non mecaniques ny artifans.

PAR Arreft du Confeil Priué, du 8. Nouembre 1566. a efté ordonné,
que l'eflection des douze premiers Efcheuins fe continuera de faire par
efcrit: Deffend à toutes perfonnes de faire brigues ne monopoles pour

T

Perſonne ne ſera continué en l'eſcheuinage plus de deux ans.

Deux longues robbes en l'Eſcheuinage.

Nul coōptble en l'Eſcheuinage.

N'auoir les deniers de la ville és mains del Eſcheuinage.

Receueur du domaine cōtera pardeuant le Bailly d'Amiens.

Receueur des aydes comptera en la chambre des comptes.

Premiere charge du maieur Tradition des clefs au Maieur.

Eſcheuins departez par paroiſſes, & a quelle fin.

Seront ſepmainiers aux ouurages.

paruenir à ladite adminiſtration, ſur peine de deſchoir de leurs priuileges, ains leur eſt enioint & ordonné d'y appeller & eſlire ſans faueur, ny autre reſpect que du bien public, gens de bien, idoines & capables de telles charges : Leur deffend de continer aucune perſonne audit Eſcheuinage, ſouz quelque cauſe & pretexte que ce ſoit plus de deux ans: d'eſlire & receuoir audit Eſtat d'Eſcheuin que vn perſonnage ou deux pour le plus Gens de Iuſtice & de Robbe longue: d'admettre audit Eſtat de Maieur, Preuoſt & Eſcheuins perſonnes comptables, generaux ou particuliers, qu'ils n'ayent rendu compte & payé le reliqua: Leur deffend d'auoir en leurs mains l'adminiſtration des deniers, & autre reuenu de ladite ville ; mais ſe receuront & diſtribueront par les mains des Receueurs des Communs, par ordonnances deſdits Maieur, Preuoſt & Eſcheuins, ayans puiſſance de ce faire ſelon la couſtume & obſeruance : leſquels Receueurs compteront quant aux deniers du Domaine pardeuant monſieur le Bailly d'Amiens ou ſon Lieutenant, appellé le Procureur du Roy & le nombre des Eſcheuins & notables Habitans, que de tout temps ont accouſtumé d'y aſſiſter. Et quant aux deniers d'octroy, en compteront à la Chambre des Comptes à Paris : Deffendant ſa Maieſté auſdits Receueurs de rendre autrement leſdits comptes, ny compter aucuns deniers par leſdits Maieur, Preuoſt & Eſcheuins, où aucuns d'eux.

INCONTINENT aprez ledit renouuellement de la Loy, & dés le meſme iour que ledit ſieur Maieur a preſté le ſerment, il eſlit & ordonne des Quartiniers pour le reveil, & la garde de la nuict enſuiuante, & ayant le Maieur qui ſort de charge, receu les clefs des portes de la ville des chefs de portes [és mains deſquels il les auoit miſes le matin] il les reporte & met és mains du nouueau Maieur, ſur lequel principalement dépend tout le ſoin & vigilance de la ſeureté & conſeruation de ladite ville, & de toutes choſes qui en dépendent, auec leſdits ſieur Preuoſt & Eſcheuins ſes confreres.

TOVS leſdits Eſcheuins ſont departis trois en chacune Paroiſſe de la ville, pour auoir l'œil qu'en icelle ils ne s'habituent aucuns eſtrangers, ny mendians, ny autres gens mal famez & renommez, leſquels Eſcheuins commettent particulierement en chacune rue vn ou deux perſonnages pour y veiller de prez, & les aduertir ſouuent de ce qu'ils en connoiſſent.

LEVR eſt auſſi donné charge d'entendre & auoir l'œil, les vns aprez les autres vne ſemaine entiere auec les maiſtres & Controolleurs des ouurages de ladite Ville, a toutes les ouurages qui ſe font tant pour la fortification que autrement : enſemble ſur le nombre des ouuriers & matieres y employées, & chacun Samedy aprez veſpres ſe trouuer au

Bureau de la Chambre du Conseil auec lesdits Maistre & Controolleur,
ou ceux qui auront fourny lesdites matieres se trouueront aussi en personnes pour presenter leurs parties dattees & signees, afin d'estre eux
ouys par serment, si besoin est, promptement taxees, moderees & arrestees par lesdits Escheuins, Maistre & Controolleur, & lesdits ouuriers *Payer les ou-*
payez au mesme instant en leurs presences, du moins de deux d'entre *uriers & ma-*
eux par les Receueurs sur les estats qui en sont dressez par ledit Con- *tieres le same-*
troolleur, signez par lesdits Maistre & Controolleur, au dessouz desquels *dy.*
lesdits Escheuins presens, certifient le contenu audit estat auoir esté ar-
resté par eux auec lesdits Maistre & Controolleur: & si deux des Escheuins semainiers sont ledit iour de Samedy absents, malades & legitime-
ment empeschez, & ne peuuent eux trouuer audit Hostel de Ville pour
taxer les parties, arrester les estats, & estre presens au payement, les pre- *Forme de dres-*
miers Escheuins qui se trouuent audit Hostel de ville le peuuent faire *ser l'estat des*
auec l'vn desdits Escheuins semainiers, Maistre & Controolleur: cela fait *ouurages.*
lo'n expedie ordonnance aux Receueurs pour retenir par leurs mains la
somme portee par lesdits estats, laquelle ordonance est signee de Monsieur le Maieur, de deux autres Escheuins, & du Greffier de la ville, ou
son commis.

ET si lesdits estats desdits ouurages sont si longs qu'ils ne puissent e-
stre expediez, & mis au net à l'apresdinee, l'vn desdits Escheuins escrit
de sa main la somme totalle à quoy reuiennent lesdits estats, & le si-
gnent tous sur vne minute, & en baillent vne certification aussi d'eux
signee au Receueur, qui contient la somme totalle dudit payement, &
outre escriuent sur le Controolle aux Mandemens qui est ordinairemēt
sur le Bureau, la somme à quoy reuient chacun estat, selon la nature des
deniers, ce qu'ils obseruent pareillement quand les payemens se font sur
les attelliers pour le grand nombre d'ouuriers qu'il y a: & est tenu le
Controolleur rapporter lesdits estats mis au net sur le Bureau en dedans le Mardy ensuiuant au plus tard, pour sur iceux dresser les certifications & ordonnances necessaires pour la decharg: & acquit des Re- *Escheuins se-*
ceueurs, sans attendre semaine sur autre, à peine d'amende arbitraire. *ront obseruer les*

DAVANTAGE tous lesdits Escheuins ont charge, chacun és Pa- *ordonnances de*
roisses de leurs departemens, de tenir la main à l'obseruation des Or- *la police és pa-*
donnances & deffences des tauernes, jeux de paume, brelans & autres *roisses de leurs*
ordonnances de la police & gouuernement de ladite ville. *departemens.*

OVTRE lesdits Escheuins sont particulierement commis & deputez *Rendront*
en diuerses charges, sans neantmoins que les autres soyent priuez de *souuent raison*
les exercer, & y faire deuoir d'Escheuin: mais ceux qui y sont ainsi com- *de leur charge.*
mis & deputez sont tenus d'y vaquer diligemmont, & souuent rendre
raison de leur charge en l'Hostel de ville & en Echeuinage

AVCVNS sont commis pour tenir les plaids pour l'execution de laquelle commission est requis, qu'ils se trouuent iournellement à l'Hostel de ville pour decider les differends & causes extraordinaires qui y suruiennent d'heure à autre.

ET que pour le soulagement du peuple ils tiennent les plaids ordinaires & sommiers aux iours & heures à ce ordonnees, & qu'entre eux ils donnent vn tel Reglement, qu'il n'y ait faute ausdites plaidoiries, & que les ordonnances & reglemens faits pour l'expedition desdites causes, soient entierement gardees & obseruées.

AVTRES sont commis à la sollicitude des procez de la ville, pour l'execution de laquelle commission, est requis qu'ils retirent des Procureurs de la ville l'estat desdits procez tant en demandant qu'en deffendant, qu'ils en sollicitent la vidange, & qu'ils en parlent souuent au Bureau & à l'Escheuinage.

DOIVENT tenir la main que lesdits Procureurs baillent de mois en mois la declaration de ce qu'ils auront déboursez pour lesdits procez & des salaires qu'ils auront acquis, afin de les en faire rembourser & connoitre l'estat desdites causes dont sera aduisé & consulté auec le conseil de la ville, tous les premiers iours des mois, & les deliberations redigees par escrit sur le registre qui en doit demeurer sur le Bureau: sur lequel aussi de mois en mois sera fait notte des procedures & expeditions tenuës esdites causes depuis la derniere deliberation.

AVTRES sont deputez aux ruines apparentes és ruës & voyes publiques, pour l'execution de laquelle commission est requis qu'ils frequentent souuent les ruës auant la ville, & qu'en ce faisant ils prennent garde qu'elles ne soient empeschees de pierres, grez arbres, bois, charroy terraux, immondices ne autres choses.

QVE nul ne fasse Huisserie pour maison où cellier venelle à cellier ruyoltz huures estaux, appuits, soiles, murs, trauers à cheuaux, enseignes, & ne mettent marches de grez, où de pierres, grez, où pierres au coing des rues, ny aucuns sieges sur lesdites rues, sans conge registre, & auoir payé les droicts pour ce deubz.

QVE les soües, seaux & roüetz des puits communs soient bien entretenus pour s'en pouuoir seruir signamment en danger de feu.

QVE les fallotz attachez esdites rües pour seruir en cas d'alarme où danger de feu de nuict, soient bien entretenus.

QV'AVCVN ne fasse faire paué deuant sa maison plus haut où plus bas qu'il n'apartient.

Que nul mercier où autre ne mette hayon, estal où autre empeschement sur les rues, & places publicques.

Que tous huures soient attachez en sorte qu'ils se puissent leuer & abaisser abaiffer à la hauteur de dix pieds pour le moins , & qu'ils ne portent au plus que deux pieds & demy de large, y comprenant la faillie de la maifon fi aucune y a, & qu'il n'y ait aucunes toilles attachees aufdits huures

QVE les eftaux fe hauffent & abaiffent & ne portent au plus qu'vn pied & demy de largeur.

QV'IL n'y ait aucune maifon ou edifice refpondant fur rue qui foit en apparence de ruine & peril eminent, & fi aucuns s'en trouuent, faudra faire euoquer les poffeffeurs, & leur faire commandement d'ofter promptement l'eminent peril.

QV'AVCVNS ne mettent en haut au deuant de leurs maifons pots à violiers, terres ou bois à faire petits jardins en faillies fur rue, pour obvier aux inconueniens qui en peuuent aduenir.

QVE nul ne faffe couurir ne rebrocher d herbes ou d'efteulles aucuns baftimens en ladite ville.

ET que l'eftabliffement des marchez pour y vendre les denrees, viures & prouifions, foit gardé, fans qu'il y foit aucunement contreuenu.

AVTRES font comm's pour faire la vifitation des Drogues des Apoticaires, pour l'execution de laquelle commiffion eft requis qu'ils fe trafportent de mois en mois auec vn Medecin ou deux, és maifons des Apoticaires, pour voir s'ils ont vn tableau en leurs boutiques des Drogues qui font en icelles, fuiuant l'ordonnance, s'ils ont les drogues portees par ledit tableau bonnes & recentes, & s'ils les trouuët mauuaifes & trop vieilles, qu'ils les faffent jetter en l'eau, & condamnent lefdits Apoticaires és amendes portees par leurs Ordonnances.

AVTRES font deleguez pour les fagots, gros bois & charbon pour l'execution de laquelle charge, eft requis qu'ils fe tranfportent fouuent aux places où fe vendent lefdites denrees, pour connoiftre fi les fagots font de la groffeur & loyautez portees par l'Ordonnance , & fi les forains qui en amenent en reffufent aux habitans pour le prix qui y eft mis, leur en faire deliurer.

PRENDRE garde que les Encordeurs de bois feparent le menu bois qui n'eft de groffeur competente, arriere du gros bois, & qu'ils en faffent lealle mefure aufdits habitans.

QVE les Mefureurs & porteurs de charbon portent leur rateau, afin qu'ils feparent la braife arriere le charbon, & obferuent leurs ordónáces.

ET que durant la franche Fefte , le gros bois & les fagots foyent eftaplez au carfour S. Fremin, pour en deblayer le grand marché : depuis ledit marché a efté eftably en la grande rue S. Denis.

AVTRES font commis aux poids & mefures, pour l'execution de laquelle commiffion eft requis qu'ils vifitent de mois en mois le poids des halles & toutes les balances, pour fçauoir fi le tout eft bon, & s'il y a

V

à befongner le faire refaire aux defpens du hallier, qui y eft tenu par fon Bail.

QV'ILS voyent fouuent les regiftres que fait le clerc iuré defdites halles de tout ce quifeţ oife en icelles pourfçauoir s'il y fait fon deuoir, & ne permettre qu'il prenne aucune chofe pour ledit regiftre, d'autant qu'il y eft tenu pour les gages qu'il en a.

S'IL y a Tableau auquel eft efcrit le droict que doit prendre le hallier pour le poids de toute efpece de marchandifes, & fi ledit Tableau eft conforme aux Regiftres de l'Hoftel commun.

SI ladite halle eft bien conuerte & entretenuë.

AVSSI eft requis qu'ils vifitent fouuent les poids & balances des poifeurs de fil de fayette, des poiſeurs de lin, chanvre & eftouppe, & des filets qui procedent des vendeurs de laine en houppe, de beurre & fromage, des merceries, Pottiers d'eftain, Plombiers, Orfevres, & autres qui vendent au poids & à la liure.

PAREILLEMENT les pots & mefures des Hoftelains, tauerniers, braffeurs & reuendeurs de biere, vendeurs de vinaigre, verjus & de lait.

LES mefures des vendeurs de febves & de moulles.

LES mefures au bled & au mars des feteliers de monfieur le Vidame d'Amiens & reuendeurs de grains.

LES picotins à l'Auoine des Hoftelains.

LES trouffeaux de foin que vendent les regratiers, & hoftelains pour fçauoir s'il poife le poids ordinaire, qui eft de huict liures du moins.

LES aulnes des Drappiers, Lingers, vendeurs de draps de foye, futeines, Satins, Camelots, Couiluriers, & autres & fçauoir fi le tout eft bon & flatry.

ET fi aucuns ont autres aulnes, que l'aulne du Roy le faire apporter en l'Hoftel de ville.

ET condamneront rigoureufement ceux qu'ils trouueront vendre à faux poids & à fauffes mefures.

AVCVNS font commis pour entendre au marché aux volailles, afin de donner ordre que les Patiffiers, regratiers & pouruoyeurs n'acheptent la volaille parauant les heures qui leur font limiteés par les ordonnances cy-deuant regiftrées fol.

AVCVNS font commis pour entendre a la Sayetterie pour l'execution de laquelle commiffion eft requis qu'ils fe tranfportent les iours d'achapt és lieux ou fe fait l'aulne des pieces de fayeterie afin de le veoir aulner, & que aucunes ne foient ferrees fans eftre aulnées, & qu'elles ne foient des longueurs portees par les brefs, & s'il s'en trouuent de courtes les faire coupper fuiuant lefdits brefs.

QV'ILS aillent fouuent chez les Teinturiers en guelde, & Corroyeurs, pour cognoiftre s'ils fourniffent de leur part auldits brefs, & fi les Ligards y font leur debuoir.

QVE trois iours la fepmaine ils aillent aux halles en noir, pour eftre prefens à la derniere vifitation qu'en font les Efgards de la vingtaine, & en toute chofe faire executer exactement lefdits brefs.

ET de toutes leurs ordônances & condamnations d'amendes faire faire regiftre par le Clerc iuré defdites halles.

ET voir fouuent le regiftre dudit Clerc, pour fçauoir s'il fait fidel regiftre generallement de toutes les pieces que l'on porte vifiter & ferrer efdites halles.

AVCVNS font deputez pour entendre à la Poiffonnerie de mer, pour faire vendre diligemment le poiffon qui y eft arriué, & faire payer les chaffematées par les groffiers.

DONNER ordre qu'il n'y ait aucun poiffon róbbé & qu'il ne s'y face aucune exaction.

QVE la marée foit vifitée par les Efgards & la mauuaife jettée en la riuiere.

QVE les paticiers & forains n'en puiffent achepter parauant les heures à ce ordonnées.

QV'AVCVNS n'acheptent les panniers de marée pour reuendre s'ils n'ont prins à ferme l'vn des eftaux de ladite poiffonnerie.

QVE nul ne vende poiffon au milieu d'icelle.

QVE les detailleurs & detailhereffes ayent vendu tout leur poiffon dans les heures ordonnées.

ET que les autres ordonnances faites pour ce regard cy deuant regiftrées fol.   foient exactement gardées & obferuez.

CEVX mefmes qui font deputez a la poiffonnerie, font ordinairement commis aux Boucheries.

ET pour y faire leur debuoir eft befoin qu'ils parlent fouuent aux Efgards dudit meftier, & leur enioindre prendre garde qu'il ne fe vende aucune chair qu'elle ne foit bonne & digne d'entrer au corps humain, & s'ils en trouuent aucune mauuaife, qu'elle foit iettée en la riuiere & le vendeur condamné en amende.

ENTENDRONT que l'on ne vende aucun veau, que le veau n'ait atteint l'aage de trois fepmaines pour le moins.

QV'APRES le iour de S. Andrieu, il ne fe vende aucune chair de brebis.

QVE la chair des pourceaux fourfemé foit venduë audeuant des boucheries & non autrement.

QVE le fuif qui fe fait efdites boucheries foit efgardé & marqué.

DONNER ordre que lefdits Efgards vifitent la chair venduë tant és grandes & petites boucheries, qu'en la ruë de Noyon, & pres l'Hoftel-Dieu.

Et que les autres ordonnances cy-deuant regiftrées fol.   & autres portées par leurs brefs foient fuiuies & les contreuenans punis à la rigueur.

Commis a l'eftaple au vin.

AVCVNS font deputez pour entendre à l'eftaple au vin, afin que les Hoftelains, Tauerniers, Cabaretiers, & les forains ne puiffent acheter du vin en l'eftaple parauant midy.

Tauerniers & forains n'acheteront auant midy.

QVE nul n'y achete vin pour le y reuendre.

QVE les laugeurs & Courtiers y faffent leur deuoir.

QVE les vins qui y font vendus, foient tranfportez au plus toft en dedans vingt-quatre heures.

QVE tous vins eftaplez ne foyent tranfportez qu'ils ne foient premierement vendus. Et y faire obferuer les autres Ordonnances cy-deuant regiftrees.

Commis aux boulengers & marché aux grains.

AVTRES font commis aux Boullengers & marchez aux Grains pour l'execution de laquelle commiffion eft requis qu'ils fe tranfportent fouuent és maifons des Boullengers pour fçauoir s'ils ont bon poids & bonnes balances à leurs eftaux.

SI leurs pains blancs & bizettes font du poids porté par l'Ordonnance, & s'ils font marquez.

S'ILS vendent pain bis de moindre poids que de deux liures, ce qui leur eft deffendu par les Ordonnances.

ET au regard des marchez aux grains, eft requis qu'ils fe trouuent à l'ouuerture d'iceux, & que aucuns Boullangers, forains, ny autres qui ont heures pour acheter grains aprez que les autres habitans en font pourueuz, ne puiffent entrer efdits marchez, ne acheter lefdits grains, finon aux heures à eux ordonnees.

Commis fur les braffeurs.

AVTRES font deleguez pour auoir l'œil fur les Braffeurs, pour auec les Egards dudit eftat aller fouuent vifiter les braffins qui fe font, & connoitre s'ils font la biere telle qu'ils doiuent par leurs ordonnances.

S'ILS braffent du bremart au preiudice des deffences portees par l'ordonnance, les condamner aux amendes portées par icelles.

Vifiter les cocquets des braffeurs, ce qu'ils contiennent.

VISITER les cocquets qu'ils ont, pour fçauoir s'ils ont leur jauge & contenance de cinquante-deux pots, & fi leurs mefures à la biere font loyalles, fendües & marquees.

Commis à la reparation des chauffées, & pauement.

AVTRES font commis à la reparation des chauffées & pauement, pour l'execution de laquelle commiffion eft requis qu'ils façent vifitation des endroits plus neceffaires d'eftre reparé auant ladite ville. & qu'ils en baillent vn eftat par efcrit à Meffieurs pour en ordonner en leur Efcheuinage.

Befongner au parquet pour le aué.

ET ce faict le faire faire au parquet, s'il y a moyen, & chacun Samedy faire mefurer l'ouurage, finon s'il ne fe peut faire au Parquet, le faire

faire

faire à journée chacun iour, & fouuent auoir l'œil à ce que font les pa-
ueurs,& à leur faire liurer les matieres, & de tout dreffer eftat chacun
Samedy pour fur iceluy expedier ordonnance, & les faire payer.

ET AVTRES commis & deputez au gouuernement des prifonniers,pour l'execution de laquelle Commiffion eft requis qu'ils parlent
fouuent aux Marguilliers des Paroiffes, afin qu'ils ayent à commettre
gens fideles pour cueillir le baffinet des pauures prifonniers par toutes
les Paroiffes & de mois en mois,rapporter à celuy qui exerce ladicte
charge les deniers de ladite cueillette.

LESQVELS deniers il employe aux chofes plus requifes pour la
nourriture & entretien defdits pauures prifonniers en quelque prifon
qu'ils foyent,fpecialement en pain & potage,& à la fois quelque chair
ou trippes,felon le nombre defdits prifonniers qui feront à l'aumofne,
lefquels ils vifiteront à cete fin au plus tard de quinzaine en quinzaine.

LEVR fournira de charbon en hyuer au temps de grandes froidures.

ET fi outre ce luy refte quelques deniers, les emploira en chemifes
& fouliers pour ceux qui en auront befoin.

A VRA l'œil à ce que les Geolliers leurs fourniffent de la paille
blanche,& s'ils font deuoir de les traiter ainfi qu'ils doiuent.

SI on leur dit la Meffe chacun Dimanche,& fi les Auguftins les vifitent,oyent en confeffion, & adminiftrent le S. Sacrement de l'Autel
les bons iours.

Commis au
gouuernement
des prifonniers.

Enfuiuent les falaires de Meffieurs les Maieurs &
Efcheuins de la ville & Cité d'Amiens en la Iu-
ftice de la Mairie & Efcheuinage d'Amiens

POVR chacun interrogatoire prins d'office, ou fuiuant l'Ordonnance royale , cinq fols tournois.

POVR l'audition & examen de chacun tefmoin ouy és enqueftes
ordinaires,ou és procez criminels où y a partie ciuile,trois fols tournois.

POVR le recollement de chacun tefmoin ouy és informations preparatoires,deux fols tournois.

POVR la confrontation de chacun témoin contre chacun accufé de
crime ou delict, deux fols tournois.

POVR chacune prouifion de fomme adiugee pour mettre le tefta-
ment d'vn deffunct à execution, cinq fols tournois.

POVR chacune iournee entiere que aucuns de mefdits fieurs pro-

Interrogatoire.

Auditiõ d'un
témoin.
Recollement.

Confrontation.

Prouifion.

Iournee.

X

cederôt aux auditions des comptes des mineurs, ou autres, consignations distributions de deniers, visitations des maisons & heritages litigieux, partages & diuisions d'iceux, deliurance des rapports de mariage, estorance, recollemens d'inuentaires, ou autres actes semblables, 25. sols.

Demie iournée.
Iugement de deffaut.

ET pour la demie iournee, douze sols six deniers.

Pour chacun Iugement de deffaut diffinitif, cinq sols tournois.

Appreciation de fruicts.
Tax de dispens
Espices.

POVR appreciation de fruicts & taxe de despens sur declaration par escrit, selon le labeur.

ET pour les procez & differends par escrit, le rapporteur est taxé des espices selon le labeur.

Ensuiuent les Salaires de mesdits Sieurs, en la Iustice de la Preuosté Royalle d'Amiens.

Interrogatoire.
Audition de témoins.
Iugement de deffauts.

POVR chacun Interrogatoire prins d'Office ou suiuant l'ordonnance Royale, dix sols tournois.

POVR l'Audition & exament de chacun tesmoins oüyes és enquestes ordinaires quatre sols tournois.

POVR les espices des Iugemens des deffauts diffinitifs, cinq sols.

ET s'ils ne sont diffinitifs, deux sols six deniers.

Certification de criées.

POVR chacune certification de criées & subhastations faites en Iugement cinq sols tournois.

ET pour le surplus, semblables sallaires qu'en la Iustice de la Mairie & Escheuinage.

Sallaires des Aduocats tant en la iustice de la Mairie & Escheuinage qu'en la Preuosté.

Plaidoyé.
Consultation.

POVR chacun plaidoyé, six sols.

POVR la consultation quand elle est requise, six sols.

ET pour les consultations faites sur les productions des parties, apres publication d'enqueste, selon le labeur.

Escriptures.

POVR chacun roolle d'escriptures, additions premiers & secondes, reprochesdes tesmoings, saluantions contredits, & autres pieces qui se dressent ordinairement par Aduocats escrits raisonnablement a dix-huict lignes à la page, trois sols tournois.

Salaires des Procureurs tant en la Iustice de la Mairie & Escheuinage qu'en la Preuosté.

Conclusion.

POVR la conclusion sur laquelle se commence & intente procés & differents au dessus de soixante sols pour vne fois deux sols.

POVR chacune iournée qu'ils prennent ou que par nous eſt donné deffaut, ou expedition és cauſes reelles & criminelles, 2. ſols tournois.

POVR chacune iournée ou expedition des cauſes perſonnelles ou mixte, douze deniers.

POVR vne requeſte de prouffit de deffaut, deux ſols tournois.

POVR les deffences replicques, duplicques, & quadruplicques, eſcriptures en bref, Inuentaires, & autres pieces qui ſe font par leſdits Procureurs, pour chacun roolle de papier eſcrit raiſonnablement à dixhuiſt lignes de la page, deux ſols tournois.

POVR les coppies deſdites pieces, enqueſtes, tiltres, enſeignement & procez verbaux qu'ils fourniſſent à partie aduerſe & pour les declarations de deſpens pour chacun roolle eſcript comme deſſus, douze deniers tournois.

POVR les aſſiſtances qu'ils font aux compulſoires, auditions des comptes, conſignations & diſtributions de deniers, viſitations des maiſons & heritages litigieux, partages, & diuiſions d'iceux, deliurances d'eſtorances, raports de Mariages, recolemens d'inuentaires, apreciations des gros fruiſts taxations de deſpens & autres aſtes ſemblables ſeront taxées à noſtre arbitrage ſelon le labeur.

ET pour chacune recongnoiſſance des contrats de vendition, donnations, baux à cens ou autres, deux ſols tournois.

Sallaires du Greffier de ladite ville d'Amiens.

POVR chacun aſte & apointement donné entre les parties n'eſt qu'il contienne vn ou pluſieurs roolles, quatre deniers tournois.

ET s'il contient vn ou pluſieurs roolles raiſonnablement eſcripts de dix huiſt lignes à la page pour chacun roolle douze deniers tournois.

POVR vne Commiſſion douze deniers tournois.

POVR tous Iugemens de deffauts qui n'emportent Sentence diffinitiue, douze deniers tournois.

S'IL emporte Iugement diffinitif, deux ſols tournois.

POVR toutes ſentences interlocutoires ſur procés par eſcrit, deux ſols tournois. Pour chacune Sentence diffinitiue donnee ſur procez par eſcrit, n'eſt qu'elle contienne peau, quatre ſols tournois.

ET ſi elle contient vne peau de parchemin ſeize ſols tournois.

POVR chacune executoire de deſpens deux ſols tournois.

POVR vn eſtabliſſement de Procureur douze deniers tournois.

POVR chacune exhibition de regiſtre pour proceder à quelque compulſoire, ou liquidation de gros fruiſts cinq ſols tournois.

POVR chacun extrait d'vn marché de la vente d'aucuns gros fruicts que l'on dit appreciation, douze deniers tournois.

POVR chacun interrogatoire d'office ou suiuãt l'Ordonnance royale prinse en sa presence, ou de son commis, deux sols six deniers.

POVR rediger par escrit la deposition d'vn témoin és Enquestes ordinaires & de procez criminels, deux sols tournois.

POVR rediger par escrit le recollement d'vn témoin, douze deniers.

ET pareils salaires pour la confrontation d'vn témoin accusé de crimes ou delicts.

POVR le mis au net desdites interrogatoires, enquestes & procez criminels, pour chacun roole raisonnablement escrit de dix-huit lignes en la page, douze deniers tournois.

POVR le procez verbal, des solemnitez gardees & obseruees au fait de la Iurande, des tesmoins & confection desdites Enquestes, 5. s. tournois.

POVR chacune iournee entiere qu'il vacque au faict des Inuentaires des biens, lettres, titres, & enseignemens delaissez par les deffunts, 15. s.

S'IL n'y a vacqué que demie iournee, sept sols six den. tournois.

POVR assister aux redditions des comptes des mineurs ou autres, consignations & distributions de deniers, visitation des maisons & heritages litigieux, partages & diuisions d'iceux, deliurance des estorances & rapports de mariages, recollemens d'inuentaires, s'il y a vacqué iournee entiere, quinze sols.

Et pour demie iournee, sept sols six deniers tournois.

POVR chacun Roole des Inuentaires des deffunts, recollement d'iceux, distributions de deniers, visitation, partages, deliurances & raports de mariages, escrits en grand papier de compte, a 22. lignes en la page, deux sols tournois.

ET si aucuns les demandent en parchemin, il aura pour chacun roole escrit raisonnablement trois sols tournois.

POVR le regstre de chacune vendition, donation, bail à cens, loüages, tutelles, curatelles, emancipations, mise de fait, main assise, & prinse par execution, douze deniers tournois.

POVR le gros en parchemin de chacune desdites lettres, 4. s. tournois.

POVR le registre & gros de chacune obligation, deux sols tournois.

POVR le registre & gros d'vne procuration pour plaider en forme commune, deux sols tournois.

ET si elle contient specialité, quatre sols tournois.

POVR chacune substitution, quatre sols.

POVR le port de chacun procez dont y a appel au Bailliage, 5. sols.

LE GREFFIER de ladite ville auquel tel estat a tousiours esté donné par Messieurs en leur Escheuinage, ne peut postuler ne exercer l'Estat de ſtat de Procureur, ne meſmes tenir aucunes penſions ny bailliage de quelque ſeigneur, ou communauté que ce ſoit.

EST tenu ſe trouuer en perſonne n'eſt en cas de maladie, abſence, ou autre legitime empeſchement és aſſemblées d'Eſcheuinage, & autres deliberations que font meſdits Sieurs pour les affaires de ladite ville, & du public, & d'en faire bon & fidel regiſtre, enſemble de tous autres jugemens, Sentences & expeditions qui ſe font pour les parties & de tous contrats qui ſe paſſent audit Hoſtel commun, meſme eſt tenu en fin de chacune année faire groſſoyer en parchemin les Regiſtres aux venditions, donnations, baux à cens & autres contrats, pour leſquels ſont deſdits droicts ſeigneuriaux a ladite ville laquelle luy paye deux eſcus quarante ſols pour le parchemin dudit Regiſtre.

NE doit prendre aucune choſe pour les contrats, Sentences, Iugemens, & autres ſemblables expeditions qu'il fait au nom priué deſdits ſieurs Maieurs, Preuoſt & Eſcheuins, qui ſont lors en exercice deſdites charges.

DOIT auſſi faire ſans ſallaires tous les roolles iuſtificatifs de la recepte & deſpence des Receueurs de la ville, pareillement les ordonnances & mandemens adreſſantes aux Receueurs, pour payer ceux a qui doibt ladite ville, vacquer luy ou ſes clercs auec Meſſieurs a la confection, inſtruction & iugement de tous procez criminels & extraordinaires où il n'y a autre partie que le Procureur fiſcal, & s'il y a appel les faires mettre au net & enuoyer où il appartient.

DOIT aſſiſter aux plaids ordinaires & ſommiers, ou pour ſon empeſchement ſon commis ayant ſerment à court & tenir fidel regiſtre, de la Reception, diſtribution, & redditions des ſacs & productions des parties & des amendes adiugées au proffit de ladite ville ou autres, enſemble des droicts de prinſe de corps, empriſonnemens, eſlargiſſemens des priſonniers, & droicts d'adiournemens perſonnels.

IL a la garde de tous les tiltres, chartres, & priuileges de la ville, Regiſtres, comptes acquits & autres papiers qui concernent les droicts de la ville & l'exercice dudit greffe.

ET pour ceſte occaſion a eſte de tout temps logé dans l'Hoſtel de ville, & ſi eſt exempt de porte guet & reueil, & a chacun an ſept aulnes d'Amiens, de drap moitié pers moitié viollet pour luy faire vne robbe auec deux eſcus pour la panne.

Sallaires du Greffier de ladite Preuoſté.

POVR chacun acte iudiciaire, quatre deniers tournois.
POVR chacune Commiſſion, douze deniers tournois.

Y

Sentence.

POVR chacune sentence interlocutoire & iugement de deffaut, deux sols tournois.

Interrogatoire.

POVR chacune sentence diffinitiue, cinq sols.

POVR chacun interrogatoire prins d'Office, ou suiuant l'ordonnance, cinq sols.

Audition de tesmoins

POVR rediger par escrit la deposition d'vn tesmoin és enquestes ordinaires deux sols tournois.

Mis au net d'enqueste & d'interrogatoire

Enregistrement d'Arrest.

POVR le mis au net desdites interrogatoires & enquestes pour chacun roolle escrit raisonnablement de dix-huict lignes à la page, douze deniers tournois.

POVR le Registre de chacun Arrest, douze deniers tournois.

Reception de caution.

POVR la presentation & reception de caution, douze deniers tournois.

Desdomagemēt de caution

POVR le desdomagemēt de la caution, si aucune en est faite, douze deniers tournois.

Establissement de procureur.

POVR vn establissement de Procureur, douze deniers tournois.

Extrait d'vn acte d'arrest

POVR l'extraict d'vn acte d'arrest, douze deniers, sauf s'il contient plaidoyé & qu'il y ait plus d'vn roolle d'escripture, raisonnablement escript, prendra douze deniers pour roolle.

Acte de certification de criées.

POVR l'acte de certification de criées, cinq sols.

POVR chacun executoire de despens de sentence diffinitiue, cinq s.

ET pour celuy d'vne sentence interlocutoire, deux sols.

Sentence & expedition en peau.

POVR chacune sentence ou expedition contenant peau de parchemin, vingt sols tournois.

Sera fait notte aux expeditiös des sallaires qu'ils prendront.

ET ne pourront lesdits Greffiers faire aucune demie peau, ny trois quarts de peau.

ET est enjoint faire notte au pied des expeditions de la somme qu'ils receueront pour les sallaires susdits, a peine d'amende arbitraire.

LE GREFFIER de ladite Preuosté par la vendition qu'il luy a esté faicte dudit Greff ne peut vacquer aux inuentaires des biens, lettres & tiltres des deffunts habitans de cette ville & banlieuë, ne semblablement à la confection des procez criminels.

NE peut receuoir ne tenir Registre des Tutelles, & Curatelles, des Maistres & aprentifs des mestiers, des congez donnez par Messieurs, que l'on dit, les dangers de la Preuosté, ne faire autres actes qui s'enregistrent ordinairement au Greffe de ladite ville, parce que le Greffier d'icelle ville, ou son commis, a de tout temps & anciennement accoustumé faire lesdites inuentaires & procez criminels, & receuoir les actes & registres

Fera registre de toutes expeditions.

LE Greffier d'icelle Preuosté est tenu de faire registre de toutes Sentences, Appointemens, Arrests, Expeditions, & Deffauts, tant des cho-

fes qui s'expedient en Iugement , que dehors & iceux regiftres exhi-
ber à Meffieurs chacun an en la Chambre du Confeil pour cognoftre
quel deuoir il fera en ce regard. Et en cas de mutatiõ de perfonne doibt
remettre lefdits regiftres és mains de Meffieurs, pour eftre mis par
apres és mains du nouueau Pourueu.
Ne doibt auoir aucun gage de laville.

EST tenu de liurer chacun an és mains du Receueur du Domaine,
fans aucun fallaire, les roolles des baux a ferme des eftaux , tant des
Boucheries que de la poiffonnerie du fallé.

EST tenu affifter monfieur le Preuoft ou fes Lieutenans, toutesfois qu'il fera par eux mande de iour ou de nuict, & befongner aux interrogatoires & affaires qui s'offriront & prefenteront fans aucun fallaire, n'eft qui y ait partie Ciuille.

ET pour ce qu'en faifant ladite vendition mefdits Sieurs luy ordõne-
rent dix deniers pour chacun acte & que du depuis lefdits actes , ont
efté mis feulement à quatre deniers, par Monfieur le Bailly d Amiens,
ou fon Lieutenant, pour fon intereft & recompenfe Meffieurs luy ont
acrordé chacun an fept aulnes de drap, pour luy faire vne robbe des
coulleurs de la ville, auec les prefens de fel, hypocras , poupelins,
torches & bougies, & ce pour fa vie durant feulement & a la charge
que fonfucceffeur , auquel le pourra vendre ledit Greffe , n'aura robbe ne prefens.

Droicts, fallaires, charges & deuoirs des Officiers &
penfionnaires de la ville d'Amiens.

LES deux Aduocats, le Confeillier, & Procureur Fifcal,
de ladite ville & communauté d'Amiens, & le Procureur
de mefdits Sieurs au Bailliage d'Amiens, pareillement
les Aduocats & procureurs en Parlement & en la Chambre des comptes à Paris, font efleuz & choifis par mefdits Sieurs en leur Efcheuinage à la pluralité des voix , & ne peuuent
aucuns des deffufdits eftre penfionnaires, ny au Confeil de Meffieurs
les Euefque, Vidame, Doyen, Chanoines, & Chapitre de l Eglife noftre Dame d'Amiens.
DOIVENT lefdits Aduocats, & Confeillers, eftre payez de mois en
mois des efcriptures, confultations & autres vaccations qu'ils font pour
ladite ville, par les mains des Efcheuins, Commis a la follicitude des
procez de la ville, des deniers que l on doibt mettre és mains de l'vn
d'eux à cette fin.

Procureurs bailleront leurs parties au bureau.

Feront regi-stre a part des causes de la ville.

Se trouuer za chacun iour au Bureau de la chambre.

Prendra ses conclusions par l'aduis du conseil de la ville és procez & affaires de cou-sequence.

Doit estre appellé & ouy à la creation de tutelle.

Doit tenir re-gistre les con-clusions qu'il prend.

Se trouuera aux plaids du bailliage & requerra le ren-uoy des pour-suittes contre es subiets & usticiables.

DOIVENT lesdits Procureurs bailler leurs parties au Bureau, tant de ce qu'ils auront debourfé pour les procez & affaires de ladite ville, que pour leurs fallaires & vacations affin de cognoiftre l'Eftat defdi-tes caufes & les en faire auffi toft rembourfer & payer.

LEVR eft ordonné faire regiftre a part de toutes les caufes de la vil-le, & en mettre autant fur le Bureau, & de mois en mois y adioufter les nouuelles procedures efdites caufes.

EST ordonné audit Procureur Fifcal, fe trouuer aux plaids ordinai-res & fommiers pour y prendre les conclufions que befoin fera.

ET pareullement fe trouuer chacun iour a dix heures du matin & l'apres midy a quatre heures au bureau de la chambre du Confeil, auf-quelles heures fe donnent toutes affignations, concernans la police, & le file pour y prendre fes conclufions.

POVR prendre conclufions diffinitiues, en procez criminels de con-fequences & en tous autres affaires d'importances, qui luy feront com-muniquez, doibt prendre aduis du Confeil de la ville, ou du moings de l'vn de ceux du Confeil, felon la qualité & importance du faict.

DOIT eftre appellé & ouy à la creation & eflection de tutelle des mineurs, curatelles, declarations d'aage de maiorité, main leuée de biens fcellez & autres femblables acte faits à fa Requefte, & s'il eft en la ville, nul autre n'y doit eftre receu à conclure, n'eft qu'il foit legiti-mement empefché, auquel cas & auffi pour fon abfcence le premier des Aduocats, Confeillers, ou Procureurs, penfionnaires de mefdits Sieurs audit Bailliage, y peuuent conclure.

DOIT tenir regiftres des conclufions qu'il prend fur information preparatoires & pourfuiuir le iugement de tous procez extraordinai-res & autres pour contrauentions aux ordonances de la police où il eft partie ou ioint.

LESDITS Procureurs fe doiuent trouuer aux plaids tant Ciuils, que criminels au Bailliage d'Amiens, & requerir les renuois pardeuant Meffieurs, des pourfuittes qui fe font audit fiege contre leurs fujets & iufticiables pour la conferuation de la Iuftice, & des droicts de ladite ville, fans attendre qu'ils foient requis par les parties de requerir lefdits renuois.

Agent & folliciteur en Cour.

LADITE ville a vn agent & folliciteur en Court à feize efcus deux tiers de gages par an, lequel quand il fe fait quelque nou-uel Edict, ou leuée de deniers qui concernent les communautez de villes, en aduertit Meffieurs, & quand la ville a quelques affaires en

Court

Court qui ne meritent y enuoyer exprés, ou bien quand les Deputez qui sont en Court, laissent quelques affaires inexecutées, luy est baillé memoire pour en poursuiure l'expedition ; Ce qui se recognoist par Messieurs, de quelque honnesteté selon le merite & les affaires.

Receueurs de la Ville.

LES Receueurs du Domaine & Aydes sont esleus par les habitans d'an en an, en la Halle, par deuant Monsieur le Bailly d'Amiens ou son Lieutenant le iour Sainct Simon & Sainct Iude, de l'vn de ceux que les Receueurs qui sortent de charge leur presentent, lesquels en nomment chacun trois, & font le serment par deuant ledit sieur Bailly d'Amiens ou son Lieutenant.

I L S ont les presens ainsi que Messieurs & les autres Officiers de la ville, & ont de gages ordinaires à sçauoir celuy du Domaine huit escus, & celuy des Aydes cinq escus vingt sols.

I L S sont tenus receuoir ce qui leur est deu de leurs charges, & payer les Mandements à eux adressez par Messieurs lesquels ont la surintendence de tous lesdits deniers, & en peuuent ordonner & disposer : Toutesfois ne peuuent estre contrains lesdits Receueurs payer dauantage que ne montent lesdits deniers de leurs receptes.

DOIVENT tenir Registre & papier de toutes les parties des especes d'or & d'argent qu'ils reçoiuent & payent.

BAILLER par Quartier ou plus souuent si Messieurs l'ordonnent, l'estat de leurs receptes & despenses.

E T en fin de l'an dans vn mois ensuiuant, faire veriffier par mesdits Sieurs vn brief estat de toute leur administration.

E T au Lundy apres Quasimodo, presenter leur compte sur le Bureau de la Chambre du Conseil, à peine de

Maistre des Ouurages.

LE Maistre des Ouurages est renouuellé chacun an le iour de Sainct Simon & S. Iude, par les habitans, de l'vn des trois que nomme & presente celuy qui sort de ceste charge, & fait le serment par deuant Monsieur le Bailly d'Amiens ou son Lieutenant.

I L a regard sur les Ouuriers employez aux Reparations, Fortifications & autres ouurages d'auant la ville ordonnees & arrestees par lesdits Sieurs : doit tenir papier des noms & surnoms desdits Ouuriers, &

Forme d'eslire les Receueurs de la ville.

Les Receueurs ont les presens de la ville, & gages.

Acquiteront les Mandements.

Tiendront Registre des especes qu'ils reçoiuent, & payent.

Bailleröt chacun quartier ledit estat.

Verifieront leur estat.

Presenteront leur compte.

Creation.

Charge, office & deuoir.

Z

des iournées q'ills y son employez : Se trouuer a l'appel defdits ouuriers au commencement de la iournée, & aux autres heures ordinaires : Tenir papier des matieres achetees, employees ou referuees, en
faire faire notte fur les eftats que le Controlleur defdites ouurages en
expedie le Samedy : Affifter lefdits iours au payement defdits ouuriers
& matieres, & en figner & certiffier lefdits eftats : & en fin de l'an bailler eftat en l'Efcheuinage des matieres qui reftent, & les lieux où
elles font.

Contreroolleur des Ouurages.

Le Controolleur à gages, pre-fens & drap.

LE Contreroolleur des Ouurages eft erigé en Office venal, & a
pour gages ordinaires dix eleus quarante fols, fept aulnes de drap
pour faire vne robbe moitié violet, moitié pers, auec prefens de torches, bougies, ypocras, fel blanc & ratons.

Sa charge & deuoir.

EST tenu par fon inftitution vifiter chacun iour les ouurages, &
d'iceux faire par chacune fepmaine bon & leal papier & Contreroolle,
& affifter au payement des ouuriers.

Aura cop-peaux & at-telles.

NE peut prendre aucuns bouts de Chefnes, ne d'autres bois, foient
grands ou petits, ne matieres procedantes des anciens edifices qui pourroient tomber ou qu'il conuiendra defmolir : Mais feulement doit
auoir les coppeaux & attelles du bois qui fera charpenté & preparé
pour mettre en œuure.

Declarera en fin de l'année, les matereaux qui refteront.

DOIT affifter aux achapts de toutes matieres que l'on achepte
pour employer aufdits ouurages, & chacun an à la reddition des côptes
faire la declaration du bois, pierres, grez & autres matieres qui demeureront en fin d'année, pour en tenir compte l'année enfuiuante & connoiftre les lieux où elles font employees.

Tiendra pa-pier des ma-tieres que l'on achepte.

PAR diuerfes deliberations d'Efcheuinage luy a efté ordonné de
tenir papier & regiftre de toutes les matieres que l'on achepte pour les
Reparations, Fortifications & Ouurages de ladite Ville, & en iceluy
faire notte des lieux & endroits où lefdites matieres auront efté employees : enfemble de celles qui refteront à mettre en œuure, & les

Des lieux où elles auroient efté employees.

lieux & endroits ou elles feront delaiffees, & mifes en garde : Et de
mettre pareil papier & regiftre fur le Bureau de la chambre du Confeil,
& de mois en mois les premiers iours d'iceux reprefenter fur le Bureau
le papier qu'il a par deuers foy, où feront efcrits lefdits achapts, & efcrire
& adjoufter fur le papier qui fera fur le Bureau, ce qui aura efté achepté
le mois precedent tant ce qui fera employé, que ce qui fera referué,
& es lieux ou feront lefdites matieres, & pareillement en quel lieu
auront efté mifes les vieilles matieres qui feront procedez des anciens

baſtimens & reparations, ſi aucunes ont eſté deſmolies durant le mois
precedent, afin que tous Meſſieurs en puiſſent auoir connoiſſance, &
que quelqu'vn en demeure chargé ſur ledit papier, pour les repreſenter
quand requis en ſera.

ET doit garder & obſeruer le reglement fait par Meſſieurs pour le
fait des ouurages cy deuant regiſtré folio 61.verſ.en l'article commençant. Leur eſt auſſi

---

Maiſtre, & Contreroolleur de l'Artillerie.

LES Maiſtre & Contreroolleur de l'Artillerie, ont la charge
& garde de toute l'Artillerie de la ville, & des poudres, boulets,
armes, & autres munitions de guerre, par bon Inuentaire: & ſont eſleus
par Meſſieurs en leur Eſcheuinage eſdites charges, pour l'exercer tant
qu'il leur plaira. N'ont aucuns gages ordinaires, ſinon les preſens ainſi
que les autres Officiers, & ſont taxez chacun an en leur Eſcheuinage
ayant eſgard a leurs vaccations.

SONT tenus ſouuent viſiter leſdites munitions & armes, & les pieces d'Artillerie, & s'il y a quelque choſe à faire pour l'entretenement
d'icelles & remontage d'Artillerie, ou s'ils ont faute de quelque choſe
neceſſaire pour ce regard, ils en doiuent ſouuent aduertir meſdits ſieurs
& faire en ſorte que l'Artillerie ſoit touſiours en bon eſtat, & que rien
ne leur manque.

DOIVENT tenir papier l'vn & l'autre de toutes les munitions
qui ſe remplaſſent & tirent des magazins, & en fin de chacun an, les
taxans de leurs vaccations: en bailler eſtat à meſdits ſieurs, & de trois
ans en trois ans, en rendre vn compte: & renouueller l'Inuentaire,
ſignammcnt des plus principales munitions, aucuns de meſdits ſieurs
preſens.

QVANT l'Artillerie eſt aſſiſe ſur les ramparts, & les Canonniers
departis leur doiuent bailler poudres, boullets & autres extencilles ne-
ceſſaires pour plus promptement s'en ſeruir & faire ioüer l'Artillerie
aduenant la neceſſité, & faire ſigner leſdits Canonniers ſur vn regiſtre,
la reception deſdites poudres, boullets & extencilles, & ſouuent viſiter
leſdites pieces, à ce que aucunes ne ſoient encloüées, que le roüage ne
pourriſſe & que l'on n'y deſrobe aucune choſe: & ſi toſt que l'Artillerie
eſt miſe à couuert, doiuent retirer leſdites poudres boullets & extencilles, & les deſcharger ſur ledit Regiſtre qu'ils doiuent garder & repreſenter à la reddition de leurs comptes.

Greffier des Comptes.

LE GREFFIER DES COMPTES comme il eſt contenu au Regiſtre aux Offices du 17. de Septembre 1575. eſt tenu fournir & liurer tout le parchemin qu'il faut pour mettre au net & en gros, les comptes des receptes du Domaine de la ville, & Aydes, & celuy de la Maladerie de la Magdaleine ſans y faire payer aucune choſe aux Receueurs, ſinon autant qu'il leur eſt alloüé en leurs comptes.

QVE le parchemin doit eſtre bien & deuëment accouſtré à deux coſtez, ſans aucune couſture ny tailleure de la grandeur ordinaire : le doit reigler d'vn coſté & d'autre à trente-quatre lignes à la page.

LES doit faire eſcrire en bonne groſſe lettre liſible & de duree pour la conſeruation des droicts de la ville, ainſi qu'il ſe fait en la Chambre des Comptes.

NE peut pretendre à luy appartenir la façon d'autres comptes & eſtats que ceux du Domaine, Aydes de la ville, & de ladite Maladerie.

CHACVN an vn mois apres le renouuellement de l'Eſcheuinage doit receuoir par vn brief Inuentaire tous les acquits des Receueurs & leur en bailler recepiſſé, & endedans deux autres mois, auoir groſſoyé leſdits comptes.

SI les Receueurs ne luy fourniſſent leurs acquits endedans ce temps en aduertira Meſſieurs dans la huictaine pour y pouruoir.

EST tenu aſſiſter à l'examen deſdits comptes & eſcrire les apoſtilles, & en ſon abſence & pour ſa maladie y mettre homme capable.

ET obeyr à meſdits Sieurs en tout ce qu'ils luy commanderont & leur porter honneur, le tout à peine d'amende arbitraire.

LEDIT Office eſt venal & a pour gages ſept aulnes de drap, moitie pers moitié violet, & les autres preſens ordinaires de torches, bougies, ypocras, ſel blanc, & ratons, Auec quatorze eſcus cinquante-quatre ſols comprins la panne de ſa robbe, parchemin, papier & encre ſur la recepte des Aydes & ſur la Magdaleine.

Greffier des Portes.

L'ESTAT de Greffier des Portes eſt donné par Meſſieurs à la pluralité de voix verbalement ou par eſcrit & a pour gages ſept aulnes (aulne d'Amiens) de drap pour vne robbe, & il eſt exempt de Porte & de reueil.

IL eſt inſtitué affin de tenir regiſtre & papier de tous les habitans
ſubjets

ſi bjects à la Porte & au Reueil, & par chacun iour faire & ſigner les
breuet de ceux que Meſſieurs commettent tant de iour à la garde des
Portes que pour le Reueil la nuict, en quoy il eſt tenu de ſuiure l'ordre de ſon Regiſtre, ſans aucuns en excepter ny peruertir ledit ordre
ſans ordonnance expreſſe de meſdits Sieurs.

LVY eſt auſſi deffendu de rayer & oſter dudit Regiſtre aucun habitant, & le mettre de Porte à autre ſans breuet par eſcrit ſigné de Monſieur le Majeur, n'eſt que leſdits habitans ſoient deceddez.

ET pour ſon ſallaire de chacun changement, luy eſt ordonné douze
deniers.

Le Maiſtre des Preſens.

LE MAISTRE DES PRESENS eſt eſleu par Meſſieurs
en leur Eſcheuinage à condition expreſſe qu'il ne pourra eſtre
Eſcheuin aux gages de trois eſcus vingt ſols par an, & ſept aulnes
d'Amiens de drap, moitié pers, moitié violet pour vne robbe.

L'ON mer deniers entre ſes mains pour payer promptement le vin
qu'il prend pour faire les Preſens, & doit choiſir par tout le meilleur
vin, & en doit faire bailler pour le prix de l'Ordonnance.

ET de trois mois en trois mois il doit bailler ſon eſtat, ſur lequel
l'on expedie Mandement de ce qui eſt deu de reſte.

DOIT commander à ſes quatre Sergeants des Cannes d'eſtre ſep-
mainiers l'vn apres l'autre; & le trouuer chacun iour par le ſepmainier
chez luy l'vn à dix heures & à cinq heures, pour ſçauoir s'il y aura quelque preſent à faire.

DOIT receuoir par poids & meſure les torches, bougies, ypocras
& ſel blanc dont l'on fait les Preſens, & iceux enuoyer par leſdits Sergeants des Cannes, & pareillement les Gauffres & Ratons à ceux qu'il
eſt accouſtumé, & qui luy ſont bailllez par Rolle, & en deliurer certification ſoubs ſa ſignature, à ceux qui fourniſſent leſdites torches & bougies, ypocras, ſel blanc, gauffres & ratons, pour luy en faire Mandement.

A tous les banquets de la ville doit faire diligence d'auoir bon vin, &
que la viande ſoit bonne, & en tenir papier, & qu'il n'y ait aucun deſor-
dre ne larcin.

AV deliurement des draps des Officiers de la ville, il doit eſtre
preſent à l'aulnage, & donner ordre que chacun ayt ſa meſure & l'aulnage ordinaire.

QVAND il ſe fait quelques preſens de volailles ou poiſſon aux

Seigneurs & Dames, doit donner ordre de faire mettre le Present en cages ou autres vaisseaux honnestes.

ET aura l'œil que les Sergeants des Cannes ne prennent aucune chose en don ne autrement desdits Seigneurs ou de leurs gens, d'autant que cela est deffendu bien estroitement, & si aucuns le faisoient, en aduertira promptement mesdits Sieurs.

Donner ordre à tenir tousiours les Cannes nettement, & les torches & Escussons des armoiries de la ville en bon estat.

ET doit assister au compte des Cires.

Sergeants des Cannes.

Offices ve-
naulx.

IL y a quatre Sergeants des Cannes pourueus en tiltre d'Offices venaux, lesquels ont pour gages chacun trente sols par an sur ladite ville, auec chacun cinq aulnes de drap moitié bleu, moitié rouge.

Leurs gages.

ILS sont exempts de Porte, Guet & Reueil, & sont tenus porter les Cannes du vin que Messieurs presentent aux Seigneurs qui arriuent en

Leur charge
& deuoir.

cette ville, & és lieux & endroits où se trouue en festin Monsieur le Majeur, pareillement aux banquets de la ville, ainsi que leur commandera le Maistre des Presens.

Sont sepmai-
niers.

ET pour sçauoir s'il y a quelques Presens à faire se departiront sepmainiers l'vn apres l'autre, & sera tenu le sepmainier aller chacun iour a dix heures du matin & a cinq heures du soir au logis du Maistre des Presens pour sçauoir s'il ne luy plaira rien commander pour lesdits Presens, & auquel ils sont tenus obeir à peine d'vn escu d'amende pour chacune fois.

Ne prendront
aucun don.

LEVR est deffendu, allans faire les Presens de prendre aucun don en argent ny autrement des Seigneurs a qui ils presenteront le vin, ne d'autres de par eux, sur peine de perdition de leurs Offices.

Sergeants à Masse, leur pouuoir, deuoir
& sallaire.

Huit sergeants
Royaux en la
Preuosté.

IL y a seize Sergeants à Masse pourueus en tiltre d'Office Venal en ladite ville, les huit sont Sergeants Royaux en la Preuosté d'Amiens dont les quatre anciens executent les Iugements, Sentences & Commissions du siege dudit Bailliage & siege Presidial d'Amiens, en ladite ville & Preuoſté, & où ils viennent chacun à leur tour ſelon l'antiquité de leurs receptions ; en ſorte que ſi l'vn des quatre decede ou vend ſon office, le plus ancien des quatre autres a ceſte puiſſance d'executer leſdits Iugemens & commiſſions dudit Bailliage & ſiege Preſidial en ladite ville & Preuoſté, eſtant premierement à ce receu par Monſieur le Bailly d'Amiens ou ſon Lieutenant à la preſentation de meſdits Sieurs, & non celuy qui a acheté ledit Office, lequel n'y peut venir qu'a ſon tour.

ET quant aux autres huict, ils ſont ſeulement Sergeants en la Mairie & Eſcheuinage d'Amiens.

LESDITS ſeize Sergeants à Maſſe ont de gages de la ville chacun an, trois aulnes d'Amiens de drap qui eſt demie robbe, & en deniers à ſçauoir les huict de la Preuoſté chacun cinquante cinq ſols, & les huict autres chacun vn eſcu quarante cinq ſols, ſur la Recepte du Domaine,

ILS ſont exempts de Porte, Guet & Reueil, & moyennant ce, ſont tenus de commander par chacun iour aux habitans, la Porte & le Reſueil, & auoir & porter robbes des couleurs de ladite ville my-parties de pers & de violet, & maſſe d'argent, portans ceux qui ſont en la Mairie, Preuoſté & Eſcheuinage les armoiries du Roy & de la ville : & ceux de la Mairie & Eſcheuinage, les armoiries de la ville ſeulement.

LEVR eſt enioint leur trouuer tous, au deuant de Meſſieurs aux Proceſſions generales.

DEVX d'entre eux chacune ſepmaine, & les vns apres les autres doiuent aſſiſter aux Plaids ordinaires & ſommiers de meſdits Sieurs, & de ceux de Meſſieurs les Iuges & Conſuls des marchands.

DEVX autres doiuent aſſiſter Monſieur le Majeur par la ville, en tous les lieux où il luy plaiſt aller.

ET ſi Monſieur le Majeur eſt de quelque honneur ou feſtin de nopces, les quatre ſepmainiers tant aux plaids qu'a ſon aſſiſtance s'y doiuent trouuer auec leurs Maſſes & robbes.

A l'entrée du Roy & des Gouuerneurs & Lieutenants generaux pour ſa Majeſté, & autres qui leur eſt commandé, ſont tenus eux trouuer en perſonnes à cheual auec leurs Maſſes & robbes.

LESDITS Sergeants peuuent en vertu de leurs Maſſes faire criées & ſubhaſtations des heritages ſcituez en ladite Ville & Banlieue pour ſommes de deniers en quoy le poſſeſſeur d'iceux eſt obligé ſoit par lettres obligatoires, Royaux ou autres obligations ou condamnations, faire tous adjournemens, arreſts & ſignifications en matieres ciuilles, & executer toutes les obligations contracts & Sentences données par meſdits Sieurs ou par Iuges Royaux, ſans pour ce auoir commiſſion par eſcrit en baillant toutesfois coppie de leurs exploicts, ſentences ou obligations.

DOIVENT presenter au Greffe de ladite ville les causes dont ils auront fait les adjournements aux Plaids ordinaires endedans le iour precedent le iour de l'assignation.

PEVVENT aux adjournemens qui se font aux Plaids sommiers dresser les conclusions ou faire leurs reserits libellez, & doiuent en bailler autant au demandeur qu'au deffendeur conformes les vns aux autres en toutes choses, & doiuent obseruer l'Ordonnance Royal.

LEVR est deffendu de faire a l'apresmidy aucun adjournement pour les Plaids sommiers du iour, ains les faire du matin pour seruir a l'apresmidy, & à l'apresmidy au lendemain.

DOIVENT faire les adjournements des causes d'injures, tutelles, & curatelles, & pour les causes prouissionnalles à dix heures du matin, & pour l'apresmidy à quatre heures precisément & non à autres.

QVANT aux differends qui concernent la Police, reiglement des mestiers & contrauention aux Ordonnances & pour les causes des forains contre les habitans, les feront en la chambre du Conseil à toutes heures du iour.

LEVR est enjoint quand ils auront fait quelque scellé des biens de quelque deffunct d'en faire faire regiltre au Greffe de la ville, & en bailler leur exploit au Procureur Fiscal endedans le lendemain au plus tard, & deffence d'en bailler main leuée sans ordonnance de Iustice.

Le tout à peine de vingt sols parisis d'amende pour la premiere fois, qui doublera & quadruplera pour la seconde & troisiesme fois.

LEVR est ordonné faire leur deuoir & mettre à execution les Sentences & Iugements qui leur seront baillez pour ce faire par les parties, endedans trois iours au plus tard; & s'ils procedent a la prinse & vendition d'aucuns meubles, leur est ordonné en dresser aussi-tost leurs exploicts, & en rendre bon compte endedans le tiers iour ensuiuant, à peine pour la premiere fois d'vn escu d'amende qu'ils seront tenus payer sans deport dont en sera deliuré la moitié a la partie qui en fera la plainte, pour la seconde fois de deux escus d'amende & d'estre suspendu demy an, & pour la tierce de priuation.

ET pour leurs sallaires leur est ordonné pour chacun adjournement qu'ils font en l'enclos de ladite ville, en ce comprins la coppie de la demande & du deffaut & le salaire de ses deux records, vingt deniers.

POVR chacun adjournement fait hors l'enclos de ladite ville, aussi comprins la coppie & records, deux sols six deniers.

POVR vn empeschement de deniers, adjournements de faire foy, & pour adjourner la partie pour donner consentement, deux sols 6.den.

meubles. Leurs sallaires. Adiournement fait hors la ville. Pour empeschemen

POVR

presenteront les causes des adiournements qu'ils auront fait.

Dresseront les conclusions des adiournemens aux Plaids sommiers.

Ne f..ot apres midy adjournement pour les plaids sommiers du iour.

A quelle heure ils feront les assignations des causes d'iniures, tutelles & prouisionnalles.

Heure & lieu pour l'expedition de causes de la Police & pour les causes des forains.

Feront faire Registre des scellez.

En bailleront exploict au Fiscal.

Mettront à execution les Sentences & Iugemens endedans trois iours.

Rendront compte endedans le tiers iour de la vendition des

POVR vn fimple commandement de payer, deux fols.

POVR vne execution parfaicte, cinq fols.

POVR chacun arreft au corps à la loy priuilegée, quatre fols.

POVR le fcellé des biens d'vn deffunct & la leuée du fceau, cinq fols.

POVR la iournée entiere qu'ils befongnent aux Inuentaires de biens des deffuncts ou à la vente d'iceux, douze fols.

ET pour demie iournée, fix fols.

POVR l'audition & examen de chacun tefmoin qu'ils oyent en chacune information, deux fols fix deniers.

POVR chacun Roolle de mis au net defdites Informations raifonnablement efcrit de douze lignes à la page, douze deniers.

POVR chacun exploit de mife de faict, main affife ou prinfe par execution d'heritages comprins fes refcrits & records, cinq fols.

POVR chacune criée d'heritages y comprins les attaches, fignifications & records, douze fols.

ET pour chacun adiournement fait par les Sergeants de la Preuofté, en vertu de commifsion donnée dudit fieur Preuoft en qualité de Commiffaire deputé en cefte partie, comprins la coppie, fignification & records, quatre fols.

Sallaires des Adioints.

EST ordonné aux Adjoints pour leurs fallaires de chacun tefmoin qu'ils oyent en information preparatoire, deux fols fix deniers.

Prifeurs iurez, & leurs fallaires.

EN ladite ville y a trois Prifeurs iurez pourueus en tiltre d'Office venal lefquels font inftituez pour faire la prifee des biens meubles des deceddez aux Inuentaires qui s'en font par les Sergens à Maffe & auec lefdits Sergents faire la criée & vente de meubles, & autres prins par execution par lefdits Sergents.

LEVR eft deffendu vendre à la criée aucuns biens fans l'affiftance de Sergent, & de mefler auec les biens des deceddez ou prins par execution autres meubles à eux ou à autres apartenans, fur peine d'vn efcu quarante fols d'amende.

ET pour leur fallaire leur eft ordonné douze fols pour leur iournée entiere qu'ils vacquent aufdites prifees & ventes, & pour demie iournée, fix fols.

Huißier & Sergent à verge ſes deuoirs & ſallaires.

Pouuoir de l'Huiſsier.

L ED I T Huiſſier peut en ladite ville & Banlieuë faire tous adjournemens, euocations & ſignifications ſans commiſſion, à la charge toutesfois de bailler exploict, & a meſme ſallaire que les Sergens à Maſſe : mais ne peut faire aucune prinſe par execution, main aſſiſe, miſe de fait ſur heritage, ne faire aucun commandement de payer, prendre aucuns meubles par execution ny en faire la vente, & pareillement ne peut faire aucun ſcellé Inuentaire, & vente de biens des deccddez.

Ne peut faire execution & autres exploits.

E S T tenu aſſiſter chacun iour Monſieur le Majeur par la ville, auec les trois autres Sergents commis à ſa ſuitte & garde, hors les heures qui enſuiuent.

Aſsiſtera Monſieur le Maieur.

A ſçauoir du matin depuis huict heures iuſques à vnze heures, & apres midy, depuis deux heures iuſques a ſix, eſquelles heures il eſt tenu entendre à la porte de la chambre du Conſeil & empeſcher qu'aucun autre que meſdits Sieurs y entre ſans leur congé & permiſſion : Et ne permettra aucun y entrer auec eſpée ny autres armes ſans ordonnance de meſdits Sieurs.

Entendra à la porte de la chambre du Conſeil.

E S T tenu en temps d'hyuer preparer le feu audit Hoſtel de ville & à l'Eſcheuinage pour meſdits Sieurs, preparer & allumer les chandelles chacun iour : Lors que la cloche de la Mere Dieu ſonne allumer le Cierge qui eſt en la chambre du Conſeil deuant l'image de la Vierge Marie, & l'eſteindre peu apres que la cloche ceſſera de ſonner : Et aſſembler Meſſieurs & le Conſeil quand il luy eſt commandé, & porter honneur & reuerence à meſdits Sieurs.

Preparera le feu, allumera les chandelles.

Le Cierge deuāt l'image de la Vierge Marie.

Aſſemblera Meſſieurs & le Conſeil.

I L a en ſa garde les meſures originalles des grains, vin, biere, & goudalles & autres, & les fers & coings pour marquer & flatrir les meſures qui y ſont iuſtifiées par luy, & à quoy il eſt particulierement commis, deſquelles meſures coings & marques la declaration enſuit,

Garde les meſures.

A ſçauoir vn pot, vn lot, vn demy lot, vne pinte, & vne demie pinte.

POVR meſures a la ceruoiſe, vn pot, vn lot, vn demy lot, & vne pinte.

POVR meſures à la goudalle, vn pot & vn lot.

POVR meſures au bled, vn ſeptier, & vn picquet.

POVR meſure à l'auoine vn demy ſeptier, vn picquet, vn demy picquet & vn piccatin.

Toutes leſdites meſures ſont de cuiure, & eſcrites à quoy elles ſeruent.

DEVX autres meſures auſſi de cuiure non eſcrites dont les manuelles font rompuës defquelles l'on ne s'eft feruy dés long-temps a , & n'a-on peu trouuer à quoy elles feruent , tant à faute qu'elles ne font efcrites, que pour ce qu'elles ne font d'autres contenáces que d'vn feptier demy quart, & demy quart de feptier tant au bled qu'à l'auoine.

L'eftallon original de l'aulne du Roy , qui eft de fer.

L'eftallon original de l'aulne d'Amiens eftant pareillement de fer.

Et l'eftallon original de la grandeur, largeur,& efpoiffeur des briques. *Eftallon des briques.*

VNE marque de fer d'vne Fleur de Lys emanchée en bas feruant à marquer fur le bois, & vne autre de fer où font les armes de la ville, pour marquer eftain & tierchain auec vn marteau de fer.

ET vne grande mefure de bois à cercles de fer pleine de nauettes, auec le bacquet de bois à cercles de bois feruant pour iuftifier les mefures aufdits originaux.

ET pour les fallaires d'efpaller iuftifier & flatrir vne mefure au bled, *Salaires pour* à l'auoine ou autre, ou s'imprime le fer chaud, luy eft ordonné *efpaller & flatrir mefures.*

Pour iuftifier & flatrir vne aulne.

Pour iuftifier & marquer vne mefure d'eftain ou tierchain , tant'au vin , biere que autre , de chacune mefure.

IL eft exempt de Porte guet & reueil, & a de gages ordinaires , fix *Gages.* aulnes d'Amiens de drap moitié bleu, moitié rouge , auec douze deniers par iour pour garder la porte de ladite chambre du Confeil , & douze deniers pour la garde & fuitte de Monfieur le Majeur.

Sergent Meßier.

IL n'y a qu'vn Sergent Meffier pourueu en tiltre d'Office venal, le- *Gages.* quel a de gage chacun an vn efcu, & cinq aulnes de drap moitié bleu, moitié rouge, eft exempt de Porte, guet, & reueil.

S'eftend fa charge pour auoir l'œil qu'aucuns ne faffent dommage *Son office &* aux ablaids & biens de la terre dans l'enclos de la Banlieuë. *deuoir.*

QV'AVCVNS n'entreprennent fur les grands chemins, cours des riuieres, ny fur les marefcs communs de ladite ville & communauté d'Amyens, que l'on ne touche aux bournes de la Banlieuë : Er que les Sieurs voifins ne plantent aucuns arbres,& ne facent aucune entreprife fur la terre & Iurifdiction de ladite ville , & fi aucuns le font, qu'il en aduertiffe promptement Meffieurs pour y pouruoir.

Et en cas qu'il denonce aucuns, il a le tiers des amendes adjugées.

ET pour ce que luy feul ne peut bonnement vacquer & entendre à *Pouuoir de* tout ce que deffus, on luy permet y commettre deux ou trois hommes à *commettre.* chacune Porte & Faux-bourg qu'il prefente & font le ferment par deuant Meffieurs, information fommiere faicte de leur renommée.

Sergents du Guet de nuict.

Sont xxiiii. Sergents du Guet.

Ce sont places & non Offices.

Doiuent deux coruees par sepmaine.

Doiuent auoir corps de cuiraße.

Faire le guet de nuict.

Leur charge & pouuoir contre vigabonds, & gens de mauuaise vie.

Chacune nuict y a 4. sergents à faire le guet au Pilloris.

Ne recelleront aucune chose commise contre les ordōnances de la ville.

Ne cueilliront Cuignets ny flancs de Pasques.

IL y a deux douzaines de Sergents du Guet de nuict, deux desquels sont maistres de chacune douzaine.

PAR cy-deuant & parauant l'année 1557. lesdits estats estoient erigez en tiltre d'Office venal, & de present ne sont plus venaux ny en Offices, mais se nomment Places, ausquelles mesdits sieurs commettent en leur Escheuinage pour y estre tant qu'il leur plaira, à la charge qu'ils ne le pourront vendre, donner, ny resigner, & qu'ils seront tenus faire deux coruées par sepmaine pour les affaires de la ville.

SONT tenus auoir bon corps de cuirasse & long bois, faire le guet de nuict auant la ville, douze par chacune nuict, à sçauoir és mois de Nouembre, Decembre, Ianuier & Feurier depuis sept heures du soir, pourquoy ils sont payez à doubles gages pendant lesdits quatre mois, & es autres mois depuis neuf heures & iceluy continuer le long de la nuict armez & embatonnez pour donner ordre qu'il ne se commette aucun malefice, que toutes choses soient paisibles, & qu'il ne se fasse aucune chose contre les Ordonnances de la Police & qui puisse troubler le repos public.

S'ILS trouuent aucuns contreuenans ausdites Ordonnances les arresteront & ameneront par-deuers Mōsieur le Preuost ou autre Escheuin pour en faire leur rapport, & si l'heure est indeuë pour les réueiller, & que ce soient vagabonds & gens de mauuaise vie, & qu'il y ait plainte contre eux, les meneront és prisons, & le lendemain matin en aduertiront Messieurs au Bureau de l'Hostel commun pour y pouruoir.

D'auantage, quatre d'entre eux à tour de Rolle doiuent chacune nuict faire le guet en la Tour du Pilloris sur le grand marché, tout le long de la nuict, depuis les heures dessusdictes.

LEVR est deffendu receller aucune chose de ce qu'ils trouueront auoir esté commis contre les Ordonnances de la ville, ne d'aller cueillir par les maisons des habitans aucune chose soubs pretexte de leur cuignet de Noel, & flancs de Pasques, ny de receuoir aucuns deniers, ny autre chose desdits habitans en dōn ny autrement, encores que volontairement ils leur vouluffent bailler sans demander.

Le tout sur peine de prison & de vingt sols parisis d'amende pour la premiere fois, la seconde d'vn escu, de prison & de suspension, & pour la tierce, de priuation & de punition de prison.

Sergent

Sergent du Guet des Ramparts.

IL y a vn Sergent du Guet des Ramparts à ce commis, auquel ledit estat se donne par Messieurs pour par chacun iour euoquer tel nombre des dixiniers du Guet, qu'il est besoin auoir, ausquels il commande euoquer les gens du Guet de leurs dixaines pour eux trouuer à l'assiette du Guet en la maison du Capitaine ou son Lieutenant, & où ledit Sergent est tenu pareillement se trouuer pour cognoistre si les dixiniers qu'il a euoqué s'y trouuent.

Sa chaoge & deuoir.

Pour ce faire il a chacun an deux escus de gage sus ladite ville ; & si a chacun iour le salaire d'vn homme excusé du guet.

Gages & salaires.

Chainier du Pont sainct Michel.

LE Chainier du Pont sainct Michel est pourueu en tiltre d'Office venal, a par an vn escu quarante sols de gages, & cinq aulnes de drap moitié bleu, moitié rouge pour luy faire vne robbe.

Gages.

EST tenu aller chacun iour au matin au logis de Monsieur le Majeur querir les clefs pour ouurir les deux chaines du costé du Pont S. Michel, & les ayant fermé au soir, les raporter audit sieur Majeur.

Sa charge.

PLVS est tenu nettoyer souuent les herbes qui s'arrestent au tour desdites chaines & estocs fichez en la riuiere prés desdites chaines, & pour ce faire trouuer & fournir batteaux necessaires.

Chainier du Pont du Change.

QVANT au Chainier du Pont du Change, n'est Office venal, ains seulement commission qui se baille par Monsieur le Majeur & Messieurs en leur Escheuinage & n'a aucun drap de la ville, ains seulement quatre escus de gages par an sur ladite ville.

Ses gages.

EST tenu auoir batteau à la Tour de la Haye pour passer & repasser ceux qui y veulent passer & repasser, & nul autre que luy ne le peut faire pour gaigner argent, a peine d'amende arbitraire, & pour ce faire a de sallaire pour homme qu'il passe & rapasse deux deniers, & pour passer ou repasser vn denier.

A luy seul pouuoir de passer à la tour de la Haye.

Guetteurs au Beffroy.

IL y a deux guetteurs au Beffroy, l'vn pour y faire le guet de iour qui n'est office, ains commission, & pour ce faire est payé pour le

Cc

Leurs gages. prefent à raifon de cinq fols pour iour, & y eft commis par Meffieurs en l'Efcheuinage à la prefentation de Monfieur le Majeur : Et quant à ce-luy de la nuict, il y eft pourueu en office venal à femblables fallaires de cinq fols pour nuict ; & outre a cinq aulnes d'Amiens de drap moitié bleu moitié rouge pour faire vn faye, auec vn efcu quarante fols par an *Sonner le Cor-* pour fonner fon Cornet par nuict, Ce qu'il eft tenu faire de demie heure *net par nuict.* en demie heure, afin que l'on cognoiffe qu'il fait bon guet.

Horloger.

Office venal. IL y a vn feul Horloger pour conduire l'Horloge du Beffroy pour-ueu en tiltre d'office venal, eft exempt de Porte, Guet & Reueil, a chacun an cinq aulnes d'Amiens de drap moitié bleu, moitié rouge pour *Ses gages.* luy faire vne robbe, & quatre efcus feize fols 8. deniers de gages.

Petits Portiers veillants.

Leur denoir. ILS font deux Portiers veillants ordonnez & eftablis pour veiller chacune nuict l'vn apres l'autre a la porte de Monfieur le Majeur, pour la feureté de fa perfonne, & des Clefs de la ville, auffi pour porter les torches quand il plaift à Monfieur le Majeur aller la nuict auant la ville, & pour aller au deuant de Madamoifelle la Mayereffe les Feftes & Dimenches, & lors qu'elle va en quelque honneur. Ils ont chacun *Leurs gages.* cinq aulnes d'Amiens de drap moitié bleu, moitié rouge pour leur faire vne robbe, auec trois efcus quatre fols chacun de gages par an, & font exempts de Porte, Guet & Réueil.

Herau't ou Courrier.

Son office & LE Herault, autrement Courrier, eft ordonné pour porter à che-*deuoir.* ual & en diligence les pacquets de mefdits Sieurs, où bon leur plaift d'enuoyer, Et pour ce faire eft tenu auoir toufiours deux cheuaux *Doit auoir* en l'eftable, qu'il peut bailler à ioüage fi bon luy femble : & n'a autres *deux cheuaux* gages que cinq aulnes d'Amiens de drap moitié bleu, moitié rouge pour *en l'eftable.* luy faire vn faye : & peut porter l'efmail & armoiries de la ville, fi eft exempt de la Porte, Guet & Réueil.

Trompette.

Ne peut fortir LE Trompette de la ville ne peut fortir de ladite ville fans permif-*de la ville fans* fion de Meffieurs, comme auffi il ne peut fonner fa Trompette en *permiffion.* ladite ville fans leur congé : Il eft exempt de Porte Guet & Reueil, & a *Ne peut fonner* chacun an cinq aulnes d'Amiens de drap pour luy faire vn faye ou robe. *fa Trompette* *fans congé.*

Et ſi eſt payé pour ſonner ſa Trompette aux trois Carfours ordinaires *Sis ſallaires.*
huict ſols, & s'il va aux Carfours ordinaires & extraordinaires, 16. ſols.

Seruiteur des Ouurages.

LE ſeruiteur des Ouurages eſt ordonné pour eſtre ordinairement *Eſtat venal.*
à la ſuitte des Maiſtre & Contrerooſleur des Ouurages pour aller
& venir où ils luy commandent pour le fait deſdites Ouurages & Re- *Son office &*
parations, & pour ce faire eſt exempt de Porte Guet & Réueil, a chacun *deuoir.*
an cinq aulnes d'Amiens de drap moitié bleu, moitié rouge pour luy *Ses gages.*
faire vne robbe, & dix ſols de gages chacune ſepmaine qui ſont cou-
chez ſur l'eſtat des Ouurages, & eſt ledit Eſtat venal.

Seruiteurs des Portes.

IL y a quatre Seruiteurs, vn à chacune Porte de la ville, à ce pour- *Leur deuoir*
ueus par Meſſieurs en office, à la preſentation de Monſieur le Majeur, *& office.*
ordonnez pour ayder aux habitans Portiers à ouurir & fermer les Portes & Barrieres de ladite ville, & pour ſeruir leſdits Portiers, en ce qu'ils
auront beſoin pour leurs viures & neceſſitez à la garde deſdites Portes,
& pour ce faire ſont ſallariez deſdits Portiers: Et outre ont quelques
petits gages ſur ladite ville tant pour ce faire que pour nettoyer les *Leurs gages.*
enuirons d'icelles Portes, à ſçauoir celuy de la Porte de Monſtreſcu trois
eſcus vingt ſols, celuy de la Porte de Noyon trois eſcus quatre ſols, &
ceux des Portes de Beauuais & Hautoye chacun deux eſcus 24. ſols.

Seruiteur de la Poiſſonnerie.

L'ESTAT & Office de la Poiſſonnerie a eſté quelquefois vendu,
& quelquefois donné par Monſieur le Majeur, a gages 24. ſols *Ses gages.*
par an, & a droit de prendre deux deniers pariſis ſur chacune ſomme *Liure les plats*
de marée qui ſe vend en la Poiſſonnerie, en liurant par luy les plats, *panniers.*
panniers, pour eſtre veriee la marée.

Luy eſt deffendu de prendre ne receuoir des Chaſſemarées, au lieu *Ne prend·*
d'argent ne autrement, aucun poiſſon, encores qu'il luy ſoit offert ou *aucun poiſſon*
donné volontairement. *des Chaſſe-*
marées.

EST tenu nettoyer & ballier la Poiſſonnerie tous les iours que l'on *Nettoyera la*
y aura vendu poiſſon: & ſi les Chaſſemarées, detailleurs & detailereſſes *Poiſſonnerie.*
de poiſſon luy veulent faire lauer & nettoyer leurs eſtaux & panniers,
il eſt tenu ce faire en luy payant deux deniers pour chacun eſtal, & vn *Ses ſallaires.*

denier pour chacun pannier. Ce que, deſſus eſt porté par Eſcheuinage
du 19. Feurier 1570.

Clocheteur, ou Recommandeur des Treſpaſſez.

Son office & deuoir.

LEDIT Eſtat & Office ſe donne par Meſſieurs en leur Eſcheuinage, & eſt tenu aller chacune nuiƈt par la ville auec ſa clochette
recommander les Treſpaſſez aux prieres de bonnes gens, & nommer
par noms, ſurnoms & qualitez ceux qui ſont deceddez le iour precedent, dont luy eſt baillé memoire.

Sallaires.

Et pour ſon ſallaire luy eſt ordonné deux ſols pour chacune perſonne
qu'il recommande la nuiƈt.

S'IL recommande quelqu'vn de iour d'abondant auant la ville, &
pour l'aſſiſtence à l'enterrement, Vigiles & Seruices, il en eſt payé à ſa
diſcretion.

Cens donnez à la Clochette.

LEDIT Clocheteur à cauſe de ſon Eſtat reçoit les cens & ſurcens
cy apres declarez, leſquels ont eſté cy-deuant donnez à ladite Clochette par diuerſes perſonnes.

Maiſon de la Gueulle-Bée.

ASSAVOIR ſur la maiſon de la Gueulle-Bée ſeante haute ruë
noſtre Dame où demeure Martin Vaſſeur marchand, tenant d'vn coſté
à Maiſtre Elloy Cuiſſet Procureur, d'autre à Iacques de Hangeſt plombier, par derriere à   & par deuant ſur ruë
cinquante-trois ſols quatre deniers par an payables au iour de Paſques.

Le domaine de la ville, au lieu de Robert Cocquerel.

SVR le domaine de ladite ville d'Amiens trois ſols trois chappons,
au iour ſainƈt Pierre, au lieu de Robert Cocquerel.

Le Blanc Pignon, ou l'Auſtruche.

LE 18. de Mars 1586. Anthoine Maſſemet lors Clocheteur &
Recommandeur des Treſpaſſez, mandé & comparant par deuant meſdits Sieurs en leur Hoſtel commun, a diƈt, ſur ce enquis, qu'il ne reçoit
plus d'autres cens, que les deux parties deſſuſnómées: Diſant que durant
le viuant de la Veſue Aubert Foüel, & apres elle durant le viuant de
ſa fille qui a eu eſpouſé les ſieurs d'Aubercourt & de S. Vrain, demeurans en la maiſon nommée communément le Blanc Pignon, autrement
l'Autruche ſur le grand Marché, on l'a touſiours payé de quarante ſols
par an, dont il a entendu que ladite maiſon eſtoit chargée vers ladite
Clochette : mais que depuis ſon treſpas aduenu y a enuiron vingt ans,
il n'en a rien receu, & n'en auoit & n'a aucun tiltre.

Cerf Vollant.

A diƈt qu'il a receu par l'eſpace de dix-huiƈt à vingt ans, quarante ſols
de cens par an ſur la maiſon du Cerf Vollant, faiſant l'vn des coings de
la ruë des Vergeaux, & depuis vingt ou vingt-deux ans qu'vn nommé
Nicolas Gauin auquel appartient ladite maiſon denie le cens, & n'en a

iceluy

iceluy Maſſemer receu aucune choſe.

IL a receu quelques annees, quarante ſols de cens ſur la maiſon du Collier d'Or qui appartenoit à deffunɆ Michel Hennequin ſeant ruë de Beauuais, pour receuoir leſquels, deffunɆ Maiſtre Antoine le Grand luy bailloit ſa quittance, & les luy payoit ledit Hennequin, lequel depuis (comme iceluy Maſſemet a entendu) a rembourſé ledit cens audit le Grand, qui luy a payé par apres leſdits quarante ſols iuſques à ſon treſpas, depuis lequel il n'en a aucune choſe receu, & a entendu que leſdits quarante ſols de cens venoient de Maiſtre François Faſconnel pere de la femme dudit le Grand qui les auoit donné à ladite clochette. *Collier d'Or.*

Et ſi luy a eſté dit que l'Hoſpital de S. Iulien deuoit à ladite Clochette quatre ſols quatre deniers obolle pite, & trois picquets d'auoine de cens par an, dont il n'a aucune choſe receu depuis 40. ans qu'il eſt audit eſtat. *L'Hoſpital S. Iulien.*

Foſſier du Cimetiere de ſainct Denis.

LE Foſſier par ſon inſtitution eſt tenu faire les foſſes en terre de la profondeur de quatre ou cinq pieds. *Profondeur de la foſſe.*

Pour ſon ſallaire de chacune foſſe qu'il fait dans ledit Cimetiere deux ſols ſix deniers pour perſonnes aagees de dix ans & plus, & au deſſoubs de dix ans quinze deniers. *Sallaire de chacune foſſe.*

POVR celles qui ſont faictes dans les Cloiſtres dudit Cimetiere & dans la Chappelle de ſainct Iacques huict ſols, deſquelles ſommes en appartient la moitié à la Fabrique de la Chappelle ſainct Iacques.

Luy eſt deffendu d'en prendre ny exiger dauantage.

PEVT ledit Foſſier eſtre deſmis toutesfois qu'il plaiſt à Meſſieurs. Ce que deſſus eſt porté par Regiſtre d'Eſcheuinage du 13. Iuillet 570. *Peut eſtre deſmis.*

Clercs des Fermes.

MESDITS Sieurs pouruoient en leur Eſcheuinage à l'Office de Clerc de l'ayde du vin, pour tenir papier & regiſtre du vin vendu en ladite ville, lequel à preſent a quarante eſcus de gages. *Clerc de l'ayde du vin. Ses gages.*

A l'Office de Clerc des miſes & oſtees du vin, lequel a de gages *Clerc des miſes & oſtees.*

A l'Office de Clerc des Bieres *Clerc des Bieres.*

A l'office de Clerc de l'ayde des ſayes, ſatins, aux gages de 22. eſcus. *Clerc de l'ayde des ſayes & ſatins.*

A l'Office de Clerc de l'ayde des draps *Clerc de l'ayde des draps.*

*Clerc de la
sayeterie
drappée.
Clerc du poids
des Halles.
Clerc des
grossiers de la
poissonnerie.*

A l'office de Clerc de l'ayde des sarges, reuesches, & autres sayeteries drappées

A l'office de Clerc du poids des Halles, a vingt escus de gages.

A l'office de Clerc des grossiers de la poissonnerie de mer

Tous lesquels gages se payent par les Fermiers.

Masson, Charpentier, & Paueur de la ville.

*Leurs gages.

Quittent toutes ouurages
pour besongner
pour la ville.
Ne sortent de
la ville pour
besongner, sans
permission.
Aduertiront
des entreprises
sur les frocs
& flegards.*

LES Maistres, Masson, Charpentier, & Paueur de la ville sont esleuz par Messieurs en leur Escheuinage, & ont chacun le drap d'vne robbe par chacun an & la panne d'icelle pour tous gages. Le maistre Masson & le maistre Charpentier portent pers & viollet, & le maistre Paueur bleu & rouge. Ils sont tenus de besongner de leur estat pour la ville toutesfois qu'il plaist à Messieurs leur commander, & pour ce faire quitter tous ouurages où ils pourroient estre employez pour les habitans : Et ne peuuent sortir la ville pour aller besongner ailleurs sans permission de mesdits Sieurs : Et doiuent auoir l'œil qu'il ne se face aucune entreprinse par qui que ce soit sur les frocs & flegards de ladite ville, & qu'aux bastimens nouueaux les Ordonnances soient gardeés : Et s'il se fait autrement, en doiuent aduertir Messieurs pour y pouruoir.

Saigneur des pestiferez.

*Ses gages.

Drap de la
ville.

Est logé.

Peut exercer
l'estat de Chirurgien.*

LE Saigneur des pestiferez est institué pour penser & solliciter les touchez de la maladie de peste, pour ce faire à present a cent trente-trois escus vingt sols de gages par an en temps pestiferé, six sepmaines apres iceluy cessé, & en temps non pestiferé a seulement de gages par an soixante-six escus deux tiers qui se paye de mois en mois : & outre a le drap d'vne robbe chacun an moitié viollet, moitié pers : Et si est logé aux despens de la ville en l'Isle S. Germain.

S'IL aduient qu'il decedde de la contagion en temps pestiferé, les grands gages sont continuez à sa vefue & heritiers par l'espace de six sepmaines apres son trespas.

EN temps non pestiferé peut tenir & leuer à ses despens autre maison en ladite ville & exercer & pratiquer l'estat de Chirurgien ainsi que les autres Chirurgiens de la ville, en y appellant toutesfois és affaires & cures de consequence vn ancien maistre Chirurgien auec luy, &

cependant peut faire son proffit & loüer sa maison que la ville luy
baille, sans y pouuoir faire aucune desmolition.

NE peut aller hors de la ville , sans la permission de Messieurs : Et
s'il est trouué y auoir esté sans permission en remps pestiferé , Messieurs
en peuuent mettre vn autre en sa place , & le faire sortir de la ville,
sans forme ne figure de procez.

EST tenu de faire sans sallaires toutes visitations où Messieurs le
font appeller , & de penser & solliciter les pauures sans autres sallaires
que ses gages.

Porteurs des pestiferez.

IL y a deux personnes ordonnées pour porter à l'Hostel-Dieu , ou
ailleurs ainsi que Messieurs leur ordonneront , les personnes tou-
chées de contagion, & pareillement les corps de ceux qui en seront deceddez , & pour ce faire, ils ont à present chacun six sols par iour de
gages en temps pestiferé & six sepmaines apres , & en temps non pesti
feré ils ont seulement chacun douze deniers par iour , Ce qui leur est
payé de sepmaine en sepmaine, ou de mois en mois à leur choix.

ILS sont logez par la ville, en l'Isle sainct Germain prez la maison
du Saigneur des pestiferez,

IL leur est ordonné outre leurs gages à chacun cinq sols pour chacune personne malade , ou corps mort qu'ils portent audit Hostel-Dieu
ou ailleurs , pourueu qu'il y ait biens pour les payer : & si les frappez
ou deffuncts n'ont aucuns biens, sont tenus le faire gratis moyennant
leurs gages.

Plombier.

LE Plombier de la ville du commandement de Messieurs a la
garde de l'estallon original du prix de cuiure de ladite ville,
pour à iceluy espaller & adjuster le poids que les habitás luy presentent
à ceste fin : mesme a le perçon portant vne Fleur de Lys duquel il doit
marquer toutes sortes de poids, qu'il iustifie audit estallon original : Et
ne peuuent aucuns vendre marchandise au poids, que lesdits poids ne
soient iustifiez & marquez de la Fleur de Lys par iceluy Plombier, auquel pour ce faire est ordonné pour son sallaire vne obolle de chacun
poids grand ou petit.

Ensuit la declaration des poids de cuiure appartenans à ladite ville
baillez en garde audit Plombier.

A ſçauoir vn poids de cent.   Vn poids de demy cent.
Vn poids d'vne perroc peſant trente liures.
Vn poids de dix liures.   Vn poids de quatre liures.
Vn de deux liures.   Vn d'vne liure.
Vn d'vne demie liure.   Vn d'vn quarteron.
Et vn demy quarteron.   Le tout de cuiure.
Vne balance moyenne ſeruante à peſer pain.
Vne autre petite balance ſeruante à peſer poix.
Auec le perçon de fer portant vne Fleur de Lys, ſeruant à marquer
le poids.

Salaires & deuoirs des Seſteliers de Monſieur le Vidame d'Amiens.

Charge & deuoir des Seſteliers.

PAR Arreſt de la Cour de Parlement les ſalaires deſdits Seſteliers ſont arbitrez à huict deniers tournois pour chacun muid de grains meſure d'Amiens, du plus ou du moins à l'equipolent.

Seſteliers auront leurs meſures eſpallées.

Leſquels Seſteliers moyennant le ſalaire ſuſdit, ſont tenus faire le meſurage deſdits grains, leuer eux-meſmes la meſure plaine de grains, jetter & mettre leſdits grains & ſacs des acheteurs, ſans que autres qu'eux ſoient tenus leuer ladite meſure & grains.

LESDITS Seſteliers doiuent au prealable que meſurer grains de leurs meſures faire icelles eſpaller & adjuſter à la meſure originalle, & eſtalon de cuiure eſtant en la maiſon cômune de ladite ville d'Amiens.

Monſieur le Bailly d'Amiens cognoiſtra des voyes de faict que commettront les Seſteliers.

PAR Arreſt de ladite Cour de Parlement eſt dict, que quand ledit ſieur Vidame ou ſes Officiers procederont par voye de faict ſur les habitans de ladite ville, leurs bleds, & denrées, leſdits habitans & Meſſieurs les Majeur & Eſcheuins pretendront ledit Vidame ou ſes Officiers mal faire, ils ſe pouruoiront par deuant Monſieur le Bailly d'Amiens ou ſon Lieutenant.

Salaires & deuoirs des Maiſtre & dix-huict deſchargeurs de vin.

Salaire pour la pippe de vin.

C'EST à ſçauoir pour la pippe de vin contenant quatre muids & au deſſus, jauge d'Amiens prinſe ſur l'eau en vn batteau & miſe ſus terre, ou prinſe ſur terre & miſe au batteau douze deniers tournois.

Semblable

Semblable fallaire pour la prendre en vn Chariot ou Charette & la mettre fur le paué ou en quelque maifon fur terre , ou bien du paué au premier Cellier de la maifon fur les chantiers.

Auront auffi douze deniers pour pippe du vin qu'ils prēdront à terre & chargeront fur vn Chariot ou Charrette.

ET s'ils la mettent de Chariot ou Charrette en autre, foit qu'ils la defcendent par terre ou non , auront pour leur fallaire feize deniers , à payer par les vendeurs & acheteurs par moitié.

ET s'il conuient defcendre & mettre ladite pippe de vin en Caues plus baffes, ils auront pour chacune voûte douze deniers, pourueu qu'à la defcente y euft pour le moins fix degrez.

Et s'il y a moins de degrez n'auront que demy fallaire.

POVR la pippe qu ils tireront hors des caues & mettront fur le paué, auront pour chacune voulte femblables fallaires de douze deniers.

SI la pippe eft mife & tirée au clair de la premiere caue fur le paué ou fur le Tonneau , ou mife du paué fur vn chariot ou charrette , ou du paué mife en caue où y aura vne feulle voulte & defcente , le tout tiré au clair, auront pour leurs fallaires deux fols.

ET s'il y a plufieurs voultes & montées, auront pour chacune voulte de chacune pippe tirée au clair qu'ils tireront hors, pareils fallaires de deux fols.

ET pour chacun mulot de vin qui eft le poinçon du jauge de Paris, d'Auxerre & de ce Païs contenant trois muids fix feptiers ou enuiron, & pour chacune baricque ou demie queuë de vin qui ne feront tirées au clair, auront en tous les cas & actes deffufdits fix deniers pour chacune voulte & montée, pourueu comme dit eft, que la montée aye du moins fix degrez, & fi elle a moins de fix degrez n'auront que demy fallaire.

Pour le mulot ou poinçon.

PAR Ordonnance du 6. Feurier 1597. ils ont douze deniers au lieu defdits fix deniers, & au deffous de fix marches ils n'ont rien, & douze deniers pour vne charette pour chacune piece.

POVR la demie piece de vin non tirée au clair, auront en chacun defdits actes trois deniers. Et du cocquet & hambourg deux deniers.

S'ILS tirent ledit meilleur vin au clair, ils auront le double falaire: à fçauoir pour le mulot, baricque, ou demie queuë, douze deniers, pour la demie piece fix deniers, & pour le cocquet & hambourg 4. deniers.

LEVR font faictes deffences prendre ny exiger plus grands fallaires que deffus tant des habitans que forains , ny boire en forte quelconque és maifons où ils defcendront ou tireront vins , encores qu'il leur fuft volontairement donné,

Deffences de porter fur eux aucun chalumeau , ny autre chofe femblable pour boire vin efdites pieces, à peine de deux efcus cinq fols

Ne boiront és maifons où ils trauailleront de leur office.
Ne porteront chalumeaux ny autre chofe pour y boire.

d'amende, & de ſuſpéſion d'vn an de leurs offices pour la premiere fois, & pour la ſeconde de priuation & d'amende arbitraire.

Ne feront ſejourner les forains.

LEVR eſt auſſi deffendu de faire ſejourner les habitans & forains pour l'exercice de leurs eſtats ſoubs eſpoir de tirer d'eux plus grand ſallaire ou autrement, ains leur eſt enjoint ſur ſemblable peine & amende les expedier & ſeruir en diligence ; Autrement, & a faute de ce faire, eſt permis à toutes perſonnes d'en prendre d'autres tels comme bon leur plaira.

Permiſſion de prendre d'autres.

Se trouueront chacun iour en la chambre.

EST ordonné que chacun iour le maiſtre deſdits deſchargeurs ou ſon commis, enſemble les dix-huiɕt compagnons, ſe trouueront en leur chambre à huiɕt heures du matin en temps d'hyuer, & à ſept heures en temps d'Eſté, & qu'ils ſe departiront en trois bandes, pour aller exercer leur eſtat où ils ſont appellez.

Vn bourſier en chacune bande.

EN chacune deſquelles bandes leur eſt ordonné eſtablir l'vn d'entre eux, l'vn apres l'autre, pour porter la bourſe & receuoir ce qu'ils gaignēt, & audit commis ſont tenus obeir les cinq autres en toutes choſes licites & raiſonnables touchant l'exercice de leurs Eſtats.

Se trouueront chacun iour en la chambre & rendront compte.

ET à l'heure de vnze heures & demie ou enuiron auparauant midy, ſont tenus retourner en leur chambre, & là rendre compte par leſdits bourſiers ce qu'ils auront receu la matinée ; & accuſer au maiſtre ou ſon lieutenant, & autres compagnons les fautes & deſobeiſſances, qui s'en ſont faiɕtes.

LEDIT compte rendu, peuuent aller prendre leur repas, & doiuent retourner en icelle chambre à vne heure attendant deux, pour aller en trois bandes exercer leurdiɕte office le plus diligemment que faire le peuuent, & ſur les ſix heures du ſoir retourner tous en leur chambre pour rendre compte par leſdits bourſiers comme deſſus: ce qui

Droits du Maiſtre.

ſera departy eſgallement par le Maiſtre ou ſon commis, a ſçauoir au Maiſtre les deux parts, & chacun vne part aux compagnons qui auront fait le ſeruice : Et apres leſdits comptes rendus, ne peuuent iceux compagnons, ou aucuns d'eux au deçeu des autres & de leurdiɕt Maiſtre, aller faire aucune ouurage auant ladite ville.

Si par ſurpriſe de vin, quelque piece eſt rompue, celuy dont prouiendra la faute, eſt tenu payer l'intereſt.

S'IL aduient que par ſurpriſe de vin leſdits compagnons ou aucuns d'eux fuſſent cauſe que quelque piece de vin fut rompue & perduë, En ce cas celuy ou ceux dont prouiendra la faute ſeront tenus payer l'intereſt à leurs deſpens, ſans que les autres compagnons y ſoient contribuables.

Se comporteront honneſtement auec leur maiſtre.

EST enjoint auſdits compagnons d'eux comporter honneſtement auec leur Maiſtre, ne luy dire aucune parolle hautaine ne deshonneſte, ains luy obeir en choſes licites concernans l'exercice deſdits offices, à peine de priſon & d'amende arbitraire.

COMME auffi eft deffendu au Maiftre ou fon Lieutenant de faire aucuns excez aufdits compagnons, à peine d'amende. *Le maiftre ne fera excez aux compagnons.*

SI eft ordonné que lefdits Maiftre & compagnons doiuent comparoir chacun an pardeuant Meffieurs le lendemain du renouuellement d'Efcheuinage pour faire & renouueller le ferment, & iurer folemnellement de garder & accomplir lefdites Ordonnances. *Renouuelleront le ferment chacun an.*

DV temps que les habitans de la ville eftoient taillables, lefdits dix-huict compagnons defchargeurs eftoient exempts de Tailles, moyennant qu'ils eftoient tenus fonner la groffe cloche du Beffroy les iours de Dieu, l'Afcenfion & fainct Simon S. Iude, & lors qu'il furuient alarme ou effroy en ladite ville : Et pour le prefent ils font exempts de Porte, Guet & Réueil, à cefte charge & condition. *Sont exempts de Porte.*

Sallaires & deuoirs des Veilleurs de vin.

OFFICE VENAL.

IL y a deux Veilleurs de vin en ladite ville lefquels font tenus veiller la nuict l'vn apres l'autre le vin qui eft en l'Eftaple, & font refpōfables pour le vin eftaplé de le rendre & reftituer aux marchands, au cas qu'aucuns y foient prins & robbez la nuict. *Leur deuoir.*

Et pour leur fallaire leur eft ordonné pour chacun poinçon de vin, & pour nuict qu'ils veillent & font la garde, quatre deniers. *Sallaire.*

Sallaires & deuoirs des courtiers de vin.

IL y a vn maiftre des Courtiers de vin, & douze compagnons pourueus en tiltre d'office, lefquels ont le ferment à Court. *Vn maiftre & douze compagnons.*

LEVR eft ordonné pour la vente d'vn Tonneau de vin vendu a payer par le vendeur, 20. deniers tournois quand il eft vendu à l'eftaple. *Sallaire pour la vente d'vn Tonneau.*

PAR Ordonnance d'Efcheuinage du 9. Nouembre 1600. Leur eft ordonné trois fols pour chacun poinçon ou barique vendu par le forain, & douze deniers pour chacun poinçon ou barrique vendu par le bourgeois que les Courtiers feront vendre.

Pour la pippe contenant quatre muids & au deffus, 12. den. tournois, Pour la pippe contenant au deffous de quatre muids, 8. den. tournois. *Pour la pippe.*

Et pareil fallaire du vin vendu en caue & cellier, pourueu qu'ils y foient appellez, & non autrement. *Pour vin vendu en caue.*

Sont tenus lesdits Courtiers faire payer promptement les vendeurs, & leur faire leur argent bon.

Bailler caution suffisante pour faire restitution où il appartiendra.

LEVR est deffendu acheter vin en l'estaple pour le y reuendre, ny ailleurs : Mesmement leur est deffendu d'y en acheter pour eux-mesmes les iours qu'ils sont sepmainiers & exercent leurs offices.

Pendant lequel temps leur est ordonné demeurer en l'estaple depuis dix heures du matin que l'on ouure l'estaple, iusques à la fermeture d'icelle.

Lesdits Courtiers partissent entr'eux leurs sallaires esgallement, & en a le maistre à sa part autant que deux Courtiers.

Est deffendu à toutes personnes d'entreprendre sur lesdites Offices.

Le tout sur peine de deux escus cinq sols d'amende.

Sallaires & deuoir des Iaugeurs de vin.

EN ladite ville y a vn Maistre & douze compagnons Iaugeurs, pourueus en tiltre d'Office venal.

SONT tenus lesdits compagnons jaugeurs se departir sepmainiers six à la fois les vns apres les autres, pour jauger les vins qui seront en l'estaple & auant la ville & banlieuë ; n'est durant les franches Festes qui s'y doiuent trouuer tous douze pour faire le jauge.

DOIVENT marquer à la verité sur les poinçons le jauge & contenance d'iceux, ores que le vin soit vendu, ou non vendu.

DOIVENT vser de telle diligence que le vin qui y est estaplé soit jaugé & marqué à l'ouuerture de l'estaple à dix heures du matin, le tout à peine d'vn escu d'amende.

ET pour leurs sallaires ont de chacune piece de vin qu'ils jaugent & marquent, du jauge & contenance que ce soit, douze deniers, sans en pouuoir prendre dauantage, encores qui leur fust offert ou donné volontairement, à peine d'amende arbitraire.

SI aucuns vendent leur vin en tasche ou autrement sans estre jaugé ils seront payez de leurs sallaires tels que dessus, comme s'ils les auoient jaugez.

CEVX qui seront sepmainiers en seance, si tost qu'ils auront fait le jauge, se pourront faire payer du sallaire dessusdit, & ne pourront laisser l'estaple depuis qu'ils y seront entrez pour jauger les vins, que premierement tous les vins y estans ne soient jaugez, n'estoit qu'il leur suruint empeschement legitime, auquel cas ils seront tenus demander congé & en aduertir ceux qui demeurent en l'estaple, à peine de perdre la part de l'esmolument qui sera receu ledit iour en l'estaple, & de

vingt

vingt fols d'amende.

SONT tenus d'auoir chacun au bout de leurs verges, vn petit crochet pour attirer la chaux & autres deffections qu'ils trouueront és vins
qu'ils jaugeront, fur peine d'vn efcu d'amende.

ET pour feruir de formulaire & non pour faire feruice, le Maiftre
eft tenu en auoir vne ayant femblable crochet.

LEVR eft deffendu de faire defpenfe de bouche fur les deniers de
leurs Offices, qu'ils reçoiuent a l'eftaple fur peine d'vn efcu d'amende.

DE quinzaine en quinzaine en iour de Samedy à quatre heures de
releuée attendant cinq, lefdits Maiftre & côpagnons jaugeurs font tenus
eux trouuer enfemble en la maifon du Maiftre, n'eft qu'il y ait excufe
legitime, laquelle ils feront tenus faire fçauoir au Maiftre ou en fon
abfcence à fon Lieutenant, & là par ferment qu'ils prefterot pardeuant
ledit Maiftre ou fon Lieutenant faire bon & iufte raport de bouche &
de bourfe de ce qu'ils auront deferuy & receu defdites offices, & mettre
fur table les deniers pour eftre departis entr'eux par le Maiftre ou fon
Lieutenant en fon abfcence par aduis des compagnons, fur peine contre
les deffaillans de priuation defdits profits qui accroiftront aux autres
prefens, & de vingt fols d'amende.

Defquels deniers & profits le Maiftre aura & prendra deux fois autant que l'vn des compagnons contribuants aufdits profits.

SONT tenus lefdits compagnons porter reuerence & obeyr au
Maiftre, & en fon abfence a fon Lieutenant en ce qui concerne leurs
Eftats & offices, & faire filence toutesfois qu'il leur commandera, &
recueillira leurs aduis és affemblées, & ne parleront que à leur tour fur
peine de perdition defdits profits pour la quinzaine precedante, en quoy
le Maiftre ou fon Lieutenant pour fon abfence les pourra condamner
par l'aduis de la plus faine partie des compagnons.

SI aucuns defdits compagnons ne fe peuuent trouuer au compte pour
empefchement legitime qu'ils auront fait entendre au Maiftre ou a fon
Lieutenant comme dit eft, enuoyront par l'vn de leurs compagnons ou
autre, l'argent qu'ils auront receu, pour iceluy prefenter au compte en
commun, & ceux qui le prefenteront feront tenus affermer pardeuant
le Maiftre ou fon Lieutenant en fon abfence, que ceux dont ils ont
receu lefdits deniers ne leur ont non plus baillé qu'ils en prefenteront,
& au prochain compte fuiuart, ceux qui auront ainfi enuoyé argent,
affermeront comme deffus, s'ils n'auront point receu plus grands deniers
que ceux qu'ils auront enuoyé, à peine de vingt fols d'amende.

S'IL eft trouué qu'aucuns facent fraude en leur rapport, ils feront
fufpendus vn an de leurs offices, & l'amenderont de huict efcus 20. fols
& de prifon.

F f

*L'vn d'eux
sera Greffier.*

LEVRS comptes feront escrits par tels d'entre eux ou autres dont ils conuiendront qui doiuent auoir serment à Court, & foy y sera adjouslée pour y auoir recours quand besoin sera.

*Leurs tiltres
seront fermez
à deux clefs.*

Les lettres & tiltres desdits Maistres & compagnons doiuent estre enfermez dans vn coffre à deux clefs dont l'vne doit estre baillée au Maistre, & l'autre au Greffier qui escrit & signe leurs comptes.

Afforeurs de vin & leurs sallaires, Office venal.

IL y a deux Afforeurs de vin en ladite ville, lesquels pour leurs peines & vaccations d'afforer auant la ville le prix d'vne piece de vin pour les habitans qui les en requierent, ont 12. deniers tournois.

Esgards des Porcs & leurs sallaires.

IL y a deux Esgards de Porcs, à la langue, pourueus en tiltre d'Office qui se donne par Monsieur le Majeur, vaccation escheante par mort, ne se peuuent vendre, donner, ne resigner, sont de l'estat de boucher.

Lesquels pour leurs sallaires de chacun porc qu'ils visitent & esgardent, ont pour eux tous quatre deniers tournois.

EN l'année mil six cens treize lesdits offices ont esté creez en offices venaux par contract passé au Registre de I. Martin Notaire le 9. Ianuier 1613. & leur est attribué douze deniers pour chacun porc.

Grossiers de poisson de mer, leurs sallaires.

*Vn maistre
& douze gros-
siers.*

*Quatre Gros-
siers en exer-
cice.*

IL y a vn Maistre, & douze Grossiers de poisson de mer en ladite ville d'Amiens.

Quatre d'entre eux sont tenus eux trouuer durant le temps de Caresme, & autres iours de Vigiles eux trouuer à la poissonnerie de mer, pour entendre à la vente du poisson de mer qui s'y ameine, & payer promptement les Chassemarées à peine de quatre escus d'amende, & des dommages & interests du sejour desdits Chassemarées.

*Ne prendront
aucun poisson.*

LEVR est deffendu prendre aucun poisson grand ou petit dans les panniers hauts ou plats ou ils sont exposez en vente deuant, pendant, ny apres la vente, encores qu'il leur fut volontairement donné par lesdits Chassemarées ou detailleurs, à peine de prison & de quatre escus dix fols d'amende pour la premiere fois, pour la feconde de huict efcus vingt fols d'amède, de prifon, & d'eftre fufpendus vn an de leurs Eftats, & pour la tierce de priuation defdits Eftats.

LEVR eft auffi deffendu d'aller au deuant des Chaffemarées & d'eux trouuer auec eux à boire en quelque lieu & à quelque heure que ce foit, fur femblable peine & amende.

N'iront au deuant des Chaffemarées & ne buuront auec eux.

ET pour leurs fallaires leur eft ordonné pour le poiffon chargé à la mer amené pour vendre par ceux de dehors, pour chacune fomme de poiffon vendu en gros, ou à la main à detail, trois fols.

Leurs fallaires.

POVR le regard du harenc frais & autres denrées de compte amené au marché par les marchands forains, leur eft ordonné vingt fois douze deniers.

Pour chacune fomme 3 fols.

Pour harencs frais douze deniers pour liure.

LES marchands forains amenans en ladite ville la marchandife fallée, tant harenc en caque, moruës, harencs fors, faumons, q̃ e autres, iceux Groffiers font tenus eux prefenter aufdits marchands pour vendre leur harenc : & fi lefdits marchands les chargent de faire ladite vente, en ce cas & faifant l'argent bon, leur eft ordonné quatre fols pour leur fallaire pour chacun cocquet.

ET au cas qu'ils fe foient prefentez aufdits marchands, & qu'ils n'euffent eu charge d'eux de faire la vente, ny eftre prefent à conclurre marché, ny leur faire les deniers bons, n'auront que douze deniers pour chacun cocquet.

ET fi lefdits marchands forains veulent eux-mefmes vendre harenc, lefdits groffiers n'auront aucuns fallaires d'iceux marchands.

Nota, que les Ordonnances pour la poiffonnerie de mer font cy deuant fol.

Compteurs de harencs fors & frais, & leurs fallaires.

IL y a en cefte ville quatre Officiers cõmis & inftituez pour compter les harencs frais & harencs fors, que l'on vend en ladite ville d'Amiens, & fe donnent lefdites offices par Monfieur le Majeur.

Leur office & deuoir.

Lefquels Officiers ont pour leurs fallaires de chacun mandequin de harencs f ais douze deniers tournois.

Leurs fallaires.

Pour chacun petit pannier fix deniers tournois.

Et pour chacun millier de harencs fors, douze deniers.

Courtiers de fruicts, leurs deuoirs & fallaires.

IL y a en ladite ville quatre Courtiers de fruicts, lefquels ont pour leurs fallaires de chacune fomme de fruicts vendu en gros, ou en

Quatre Courtiers.

detail , quatre deniers tournois.

Leur sallaire. D'vn Chariot , deux sols tournois.

D'vne Charrette , douze deniers tournois.

De chacun Nauet pecquerel , deux sols.

Pour vn grand Nauet mis en queuë, pour chacune queuë, 8. deniers.

Et s'il est en sacqs ou en greniers, pour chacune somme 4 deniers.

Leur chargé & deuoir. Lesdits Courtiers sont tenus expedier les vendeurs, & faire bon leurs deniers, sauf leur recours contre les acheteurs qui seront tenus les en rembourser par corps , dans le iour , & pour ce qui est vendu en gros seulement.

Par Escheuinage du 18. May 1600. lesdits Courtiers doiuent auoir

Pour chacun pannier de cerises ou autres fruits à noyau x, 3. deniers.

Pour chacune somme de fruits, huict deniers.

Pour chacun Chariot chargé de fruits , trois sols.

Et pour chacune Charrette chargée , dix-huict deniers.

Lieurs de foing, leur deuoir & sallaire.

Six lieurs de foing.
Poids du trousseau de foing.
Sallaire des lieurs.

EN ladite ville y a six Lieurs de foing pourueus en tiltre d'office qui se donnent par Monsieur le Majeur.

Lesquels pour leurs sallaires pour chacun cent de bottes ou trousseaux de foing du poids de huict liures chacun , est ordonné deux sols six deniers , auec deffences de prendre d'auantage , ne faire les trousseaux de moindre poids, sur peine d'vn escu quinze sols d'amende.

Courtiers de laine, leur deuoir & sallaires.

Leur deuoir.

LESDITS Courtiers de laine sont en nombre de huict , sont tenus d'eux trouuer és grandes Halles pour faire le deuoir de leurs charges durant le mois de May , & pendant le temps des franches Festes , & en autre temps les iours de Samedy ils y doiuent estre quatre, & deux és autres iours, à peine d'amende arbitraire.

Leur sallaire. Leurs sallaires pour eux tous sont ordonnez : pour chacun cent de pesant de laine, Agnelains, locquets, pignons , pelures, & toutes autres choses de marchandises de laine, & linage indifferemment vendu és dites Halles : à sçauoir par le vendeur forain ou habitant, six den. obole, qui est pour chacune piece deux deniers, du plus ou moins à l'equipolêt.

Pour chacun Veaure de laine vendu en ladite ville, vn denier.

S'il y a cinquante Veaure quatre sols, & du cent huict sols.

Pour chacune Estendelle ou fardeau de laine, cinq sols.

Pescurs

Peseurs de fil de sayette, & leurs sallaires.

LESDITS Peseurs sont en nombre de douze, pourueus en tiltre d'office venal, sont tenus auoir logettes à eux designées sur le marché au fillé, chacun vne balance auec toutes manieres de poids de cuiure, le tout iustifié & marqué des Armoiries de la ville. *Douze peseurs.* — *Auront balances & poids.*

Assister en leurs personnes aux heures & iours de marché pour peser ledit fil de sayette esdites logettes, sur peine d'estre priuez du proffit & esmolument de leurs offices pour le iour qu'ils defaudront, & de dix sols Parisis d'amende à appliquer moitié à la ville, & l'autre aux accusateurs. *Peseront en leurs logettes.*

Nul autre qu'eux ne peut peser ledit fil pour vendre ou acheter sur peine de trente sols Parisis d'amende, les deux tiers a la ville, & l'autre tiers aux accusateurs. *Nul autre ne pourra peser fil de sayette.*

NE peuuent prendre ne receuoir pour chacun poids de fil plus grand droit que d'vne maille qui leur est deuë pour ledit poids : mais s'il y en a plus d'vn poids, audit cas, ils ont vn denier. *Leur sallaire.*

NE peuuent peser plus de trois poids à chacune fois, sur peine de dix sols Parisis d'amende moitié à la ville, & moitié à l'accusateur. *Ne peseront que trois poids à la fois.*

S'IL est trouué que lesdits peseurs facent faute, fraude, & deception en leurs poids, ils doiuent estre punis par mesdits Sieurs d'amende arbitraire, confiscation desdits Estats, ou autrement, ainsi que le cas le requerra.

Ferreurs en blanc sur l'Estille.

LES Ferreurs sont erigez en Offices en nombre de six departis en six quartiers auant ladite ville, sont tenus aller chacun iour de vente par les maisons des Sayeteurs de leurs departemens pour les pieces de sayeterie faites à l'enseigne ou marque du Sayeteur tissuë, au dernier bout de la piece y mettre vn plomb, & sur iceluy imprimer d'vn costé les Armoiries de la ville, & de l'autre costé le coing du Sayeteur, où est figurée la marque ou enseigne semblable à celle qui est tissuë sur la piece, lequel plomb certifie que la piece d'œuure a esté faite en la ville ; & sans voir ledit plomb (lequel se nomme le plomb de l'Estille) les Marchands ne peuuent acheter lesdites pieces : & ne les peuuent aussi aulner les Esgards vingtainiers, ny les Foullons & Taincturiers ne les peuuent accoustrer. *Six Ferreurs.* — *Leur charge & deuoir.* — *Marchands n'acheteront pieces de sayeterie qu'ils n'ayent le plomb.*

POVR lequel plomb il leur est ordonné vn denier pour les satins larges ou communs, & pour toute espece de camelot & saye, à payer par le Sayeteur, & deux deniers pour les sarges ; Et doiuent lesdits *Sallaire pour le plomb.*

Poids du plomb.

Ferreurs n'apposeront le plomb aux pieces portées.

plombs eftre du poids de foixante à la liure, & non de moindre poids, à peine d'amende arbitraire.

Aufquels Ferreurs eft deffendu appofer leur plomb, aux pieces de fayeterie, qu'elles ne foient encores fur l'Eftille, & n'en peuuent ferrer aucuns qui foient apportées en leurs maifons ou ailleurs, à peine d'vn efcu vn quart d'amende.

Aulneurs des pieces en Sayeterie.

Aulnage de fayeterie.

Salaires.

LES Efgards vingtainiers font l'aulnage defdites pieces de fayeterie en deux lieux, à fçauoir és grandes Halles aux poids, & fur l'eau des poirées, & pour leurs fallaires ont vn denier de chacune piece compris le plomb qui eft de foixante à la liure, à payer par le marchand.

Efgards fur le foullage de la Sayeterie.

Salaires.

IL y a quatre Efgards fur le foullage defdites pieces, erigez en office, ont l'efgardife & vifitation fur icelles, afin de cognoiftre fi elles font bien & fuffifamment foullées & nettoyées, & fi ainfi eft, y appofent vn petit plomb portant la lettre de F., fimon fi elles font mal foullées les bailler pour les r'amender : pour lequel plomb leur eft ordonné pour leur fallaire vn denier de chacune farge ou faye, & vne obolle de chacun fatin ou camelot, que le Foullon eft tenu leur payer.

PAR Sentence des Efcheuins du 19. Auril 1640. lefdits Efgards fur le foullage ont efté defchargez d'appofer vn plomb fur les pieces foullées en confideration de la cherté du plomb plus grande que lors de leur eftabliffement : Et au lieu d'iceluy il leur a efté enjoint d'auoir vn petit coing portant vne F romaine, qu'ils appliqueront fur le plomb de l'aulnage pour euiter à multiplicité de plób, & de denoncer à Meffeurs les pieces qu'ils trouueront chez les Foullons non ferrées du plomb de l'aulnage : pour lefquelles leur fera donné le tiers des amendes, le tout fans diminution de leur fallaire ordinaire, qui eft d'vn denier pour piece en la maniere accouftumée.

Efgards fur le Guelde des pieces de Sayeterie.

LESDITS Efgards font erigez en tiltre d'office en nombre de quatre, l'vn doit eftre du meftier de Tainturier en noir, vn autre Foullon, vn Sayteur, & le quatriefme Teinturier en Guelde.

DOIVENT fouuent vifiter les maifons des Tainturiers en guelde pour y faire vifitation & efgardife des pieces dudit Eftat de fayeterie, fi elles font fuffifamment gueldées fuiuant l'efchantillon du pied du guelde qui leur eſt baillé : & ſi ainſi eſt; y aſſeoir leur petit plomb au coſté de bas, du commencement de la piece à l'endroit du fer des Foul-lons.

Pour leur ſallaire leur eſt ordonné vn denier de chacun ſatin ou ca-melot , deux deniers de chacune ſaye & de chacune ſarge, à payer par le Teinturier.

Eſgards ſur le noir des pieces de ſayeterie.

LES Eſgards vingtainiers dudit Eſtat, qui ſe renouuellent à preſent d'an en an, font viſitation ſur les Halles en noir , de toutes les pieces de Sayeterie, leur eſt ordonné pour leur ſallaire de chacune charge ou ſaye , deux deniers, & pour chacun ſatin, camelot, ou autres pieces de ſayeterie vn denier , à payer par

Leur eſt auſſi ordonné pour leur ſallaire pour la reception de chacun chef-d'œuure & nouueau maiſtre receu, non fils de maiſtre

Et pour les enfans de maiſtres non reçeus maiſtres

Eſgards Sayeteurs drappans erigez en Offices.

POVR viſiter & eſgarder les reueſches & autres eſpeces de Sayeterie drappées qui ſe font en ladite ville , & autres villes de loy , qui s'ameinent icy teindre & accouſtrer, ont eſté inſtituez en tiltre d'Offices cinq Eſgards ſayeteurs drappans : l'vn marchand de ſayeterie , l'autre marchand drappier, vn autre tiſſerant de draps , vn autre ſayeteur drappant, & le cinquieſme pareur de draps.

Auſquels eſt ordonné pour leur ſallaire de chacun plomb de 60. à la liure pour chacune piece teinte en guelde à la viſitation en guelde, deux deniers tournois, à payer par le Teinturier en guelde.

Pour le plomb de la derniere viſitation , en noir ou autre coūleur, ſoit qu'elle ſoit gueldée ou non , leur eſt ordonné pour chacun plomb du poids de trente à la liure, quatre deniers tournois à payer par le Marchand.

LEVR ſont faictes deffences d'en prendre dauantage , & ne rien ferrer qu'il ne ſoit bon & loyal ſuiuant les briefs à peine de quatre eſcus dix ſols pour la premiere fois, huict eſcus vingt ſols pour la ſeconde, & ſuſpenſion, & pour la tierce de priuation , & de ſeize eſcus quarante ſols d'amende.

Garde du Marteau & Esgards des draps forains
Erigez en tiltre d'Office.

EN ladite Ville y a vn garde du marteau, & quatre Esgards des draps forains, l'vn Tisserant, le deuxiesme Pareur, le troisiesme Tondeur de draps, & le quatriesme Cousturier.

ILS sont ordonnez & establis pour visiter les draps forains que l'on ameine vendre en ladite ville.

POVR ce faire sont tenus eux trouuer chacun iour à dix heures du matin aux petites Halles aux draps joignant les grandes Halles, pour visiter & sceller si faire se doit, les draps forains qui y sont apportez.

LES forains ne peuuent deslier, deffarder, ne vendre lesdits draps forains en ladite ville, ny aucuns habitans les acheter d'eux, que premierement ils n'ayent par eux esté visitez esdites Halles, & marquez du plomb à ce ordonné à peine d'vn escu vn quart d'amẽde, & de prison.

EST enjoint aux Hostelains la où lesdits draps forains seront deschargez, de signifier & faire sçauoir ladite Ordonnance aux marchands forains leurs hostes, à ce qu'ils n'en pretendent cause d'ignorance, à peine d'vn escu d'amende.

LES draps qui par ladite esgardise seront trouuez bons, loyaux & marchands seront scellez par lesdits Esgards en deux lieux, à chacun bout d'iceux draps, afin qu'au detailler il apparoisse tousiours qu'ils auront esté visitez & passez par lesdits Esgards : Et si aucuns desdits draps forains sont trouuez sur les detailleurs sans aucun plomb, il l'amendera d'vn escu quinze sols d'amende : & s'ils sont trouuez autres que bons loyaux & marchands en ouurage ou en teinture, ils seront mis en la main de Mesdits sieurs, & par eux corrigez : soit d'oster les lisieres, fendre par le milieu, le long du faiste, ou autrement, cõme au cas appartiendra.

PAR Ordonnance du dernier Avril 1603. a esté attribué pour l'esgardise de toutes pieces de marchandises de laines grasses contenant vingt-cinq aulnes, pour le Forain douze deniers, & pour les habitans dix deniers, & pour les demies à l'équipolent.

Courtiers des draps forains. Offices venaux.

IL y a en ladite Ville trois Courtiers de draps forains, ont quatre deniers tournois pour leur sallaire de chacun drap vendu.

POVR

POVR l'exercice de leurs charges font tenus eux trouuer chacun
iour és petites Halles de la drapperie depuis neuf heures iufques à
vnze heures du matin.

Aulneurs de draps, linge & lange.   Offices venaux.

ILS font trois en nombre, font tenus aller aulner ladite marchandife en tous lieux & endroits, d'où on les enuoye querir.

POVR leur fallaire leur eft ordonné par Efcheuinage du 6. Octobre
1580. A fçauoir pour chacune piece de toille qu'ils aulneront à raifon
d'vn denier tournois pour deux aulnes, aulne de Roy.

POVR chacune aulne de drap^s, frizes, doubleures & farges graffes façonnées en cefte ville de la longueur & contenance de vingt-cinq
aulnes ou enuiron, vn denier tournois.

Et des demies pieces à l'equipolent.

POVR chacune piece de drap forain, eftamet, & farges graffes qui
s'ameinent de dehors, de ladite longueur & contenance de vingt-cinq
aulnes, ou enuiron, douze deniers tournois.

Et les demies pieces, à l'equipolent.

SANS qu'ils puiffent prendre plus grand fallaire que deffus, encores qu'il leur fuft offert volontairement, fur peine de quatre efcus d'a-
mende.

Pefeurs de Lin, Chanvre, Pion, Boucquets
& des filets en procedans.

LESDITS Pefeurs font en nombre de quatre pourueuz en tiltre d'offices venaux. Leur eft ordonné pour chacune botte de
Lin, Chanvre & Boucquets, deux deniers tournois.

POVR la pefée du fil procedant defdites matieres iufques à cinq liures, vn denier tournois: Au deffus de cinq liures iufques à dix liures,
deux deniers. Au deffus de dix liures iufques à quinze liures, trois deniers : au deffus de quinze liures iufques à vingt liures, quatre deniers,
& au deffus de vingt liures iufques à 25. liures, cinq deniers.

LEVR eft deffendu de pefer à plus grand poids que de vingt-cinq
liures, d'autant qu'il appartient au Fermier du poids des Halles.

PAR Ordonnance d'Efcheuinage du 12. Aouft 1604. Il eft ordonné
que les pefeurs auront de chacune botte de Lin, Pion & Boucquet, trois
deniers tournois.

Et de chacune liure de fil de lin ou de chanvre, vne obolle.

H h

Lieurs & Flequeurs, leurs sallaires. Offices venaux.

LESDITS Lieurs & Flequeurs sont en nombre de huict, pour leur sallaire, leur est ordonné pour chacun Chariot de marchandise qu'ils chargeront, & flequeront en ladite ville, pourueu qu'il soit chargé de deux mil cinq cens liures de pesant, du moins. Et ores qu'il fut chargé de trois mil cinq cens liures & plus, cinq sols.

S'il est chargé moins de deux mil cinq cens liures, quatre sols.

POVR charger & flequer vne Charrette du poids de quinze à dix-huict cens liures, deux sols six deniers.

POVR descharger vn Chariot de marchandise, de quelque poids que ce soit, douze deniers.

Et pour la Charrette, huict deniers.

Sans en pouuoir prendre dauantage soubs quelque pretexte que ce soit des habitans, ne des forains, sur peine de quatre escus dix sols d'amende pour la premiere fois, qui doublera & quadruplera pour la seconde & troisiefme fois.

PAR Ordonnance du 14. Aoust 1476. Il est ordonné que si lesdits Flequeurs ne font diligence de charger les Chariots ou Charrettes, ils n'auront aucun sallaire.

PAR Ordonnance du 6. Aoust 1600. ont esté augmentez lesdits deux sols six deniers, à quatre sols pour chacune Charrette, & pour chacun Chariot chargé de deux mil cinq cens de pesant, six sols, & au dessus huict sols.

Mesureurs & barilleurs de Guelde.

LESDITS Mesureurs & barilleurs de Guelde sont en nombre de deux, icelles Offices se donnent à present par Monsieur le Majeur, & se souloient vendre anciennement au profit de la Ville.

Pour leur sallaire, leur est ordonné pour chacun millier de guelde qui se vend au cent, quatre deniers.

S'il se vend au baril, pour chacun baril, deux deniers.

Il y a douze barils au Tonneau, & contient chacun baril, quatre-vingts dix pots à la ceruoise.

Les vingt-quatre barils & demy, mesure de Caen, reuiennent au tonneau d'Amyens, couppé & estricqué.

Mesureurs de Chaulx, leurs sallaires.

IL y a en ladite ville deux mesureurs de Chaux pourueus en Office qui se donnent par Monsieur le Majeur, & souloient anciennement estre vendus au profit de ladite ville.

Lesquels ont pour leur sallaire de chacune voye de Chaux qui est de dix septiers, quatre deniers, à payer par le vendeur, pourueu que lesdits mesureurs en facent la mesure, & non autrement.

Nota, que cy deuant fol,   appert que le septier de Chaux se doit espaller à la mesure à l'auoine: c'est à sçauoir vn septier & demy d'auoine à rets, pour vn septier de Chaux à comble. Ce qui est confirmé par la mesure du charbon de terre, qui doit estre égalle à la mesure à la Chaux fol.   au chapitre des mesureurs du charbon de terre.

Mesureurs de Bois & Aisselins.

EN ladite ville y a quatre mesureurs de bois scyé, pourueus en offices, qui se donnent à present par Monsieur le Majeur, & souloient anciennement estre vendus au profit de la ville.

Ausquels Mesureurs est ordonné seize deniers pour leurs sallaires, de chacun cent d'aisselins, ou autre ouurage qu'ils mesurent, à payer par le vendeur.

Le deuoir des Mesureurs est cy deuant aux Ordonnances du bois scyé, aisseline, & maimen. fol.

PAR acte d'Escheuinage du 24. Iuillet 1598. Il est ordonné, sur les remonstrances desdits Mesureurs, qu'ils auront quatre sols de sallaires pour chacun cent.

Encordeurs de bois & leurs salaires.

LESDITS Encordeurs sont quatre en nombre, ausquels pour leurs sallaires est ordonné douze deniers pour chacune corde de bois qu'ils encordent, à payer par le vendeur.

La corde de bois, doit auoir huict pieds de long, & quatre pieds de haut.

Le gros bois, quatre pieds & demy de long, & porter grosseur competante.

Si le bois est tortu & ne se peut encorder aisément sans y laisser du vuide, est ordonné ausdits Encordeurs d'accroistre à l'aduenant la mesure & en recompenser l'acheteur.

LES Ordonnances pour le gros bois , fagots, efchalats & **verges,** font cy deuant fol.   Auec celle pour la mefure du charbon.

PAR Ordonnance d'Efcheuinage du 20. Septembre 1601. Il eft attribué aufdits Encordeurs trois fols pour chacune corde de bois. Et leur eft deffendu de prendre aucune buche, encore qu'elle leur fut liberallement donnée, à peine d'vn efcu d'amende pour chacune fois.

PAR autre Sentence du 7. Decembre 1617. Il eft deffendu à toute perfonnes d'acheter du bois autrement que au pied & à la corde, à peine d'amende.

Mefureurs de charbon de terre.

POVR chacun muid de charbon de terre qu'ils prendront au batteau,& metteront fur le paué du Quay , le muid reuenant à foixante feptiers mefuré au mars à comble, quatre fols tournois.

POVR muid de charbon de terre qu'ils porteront depuis les batteaux dudit lieu du Quay iufques à l'Eglife de fainct Fremin à la porte, fainct Martin & fainct Leu, douze fols tournois.

S'il fe meine par Bleneaux à l'ayde de cheuaux, cinq fols tournois.

POVR chacun muid qui fera porté depuis le Quay iufques au Pont aux Fillettes à l'Eglife noftre Dame , a la belle Croix, a la Porte de la Haultoye, & auffi loing, feize fols tournois.

S'il fe meine par les cheuaux & bleneaux, huict fols tournois.

Moyennant les fallaires fufdits ils font tenus faire l'efpal dudit charbon de terre , auant le charger, foit qu'il foit vendu, ou non.

EST loifible à tous marchands prendre tels manouuriers, traineurs, & roulliers que bon leur plaift pour mener & porter ledit charbon de terre. Eft deffendu à tous de leur donner aucun empefchement,& prendre plus grands fallaires que les deffufdits , fur peine de dix fols Parifis d'amende & de punition exemplaire.

L'efpal de ladite mefure fe void cy deuant au Chapitre de la reduction de plufieurs mefures.

Mefureurs & porteurs de charbon de bois.

LES Mefureurs & porteurs de charbon de bois & de breze, offices venaux, font en nombre de fix : Eft ordonné pour leur fallaire d'abattre par terre vn Chariot plein de charbon ou breze à payer par le vendeur , vingt deniers tournois.

Et pour la Charrette, dix deniers tournois.

POVR le mefurage de chacun muid de charbon à payer par le
vendeur,

vendeur', dix deniers tournois.

POVR le port de chacun faix de charbon deschargé audeuant de la maifon de l'acheteur, porte vne montée haute ou baffe, vn denier tournois.

S'ILS portent ledit charbon plus loing chez quelque voifin iufques à douze maifons de loing, ils auront deux deniers du faix. S'ils le portent plus loing, ils feront payez a l'aduenant.

Voyez la forme de mefurer le charbon cy deuant, fol.

PAR Efcheuinage du 22. Septembre 1605, Il eft attribué aux mefureurs de charbon pour abbattre vne Charrette de charbon, & pour la releuer, deux fols. Et pour vn Chariot, quatre fois. Pour la mefure de chacun faix de charbon, fix deniers. Et pour porter vn faix de charbon à douze ou treize maifons prez de la defcharge, ne montant ou defcendant qu'vne montée, fix deniers.

Porteurs de grains, nommez *Porteurs au fac.*

Offices venaux.

POVR chacun muid de bled ou autre grain prins és Chariots & Charrettes audeuant des maifons & porté au premier eftage, huict deniers.

Au fecond eftage, dix deniers. Au troifiéme eftage, douze deniers.

S'il y a plus grand nombre d'eftages, leur fallaire accroiftra de deux deniers pour eftage.

Semblables fallaires pour le muid de grain prins és batteaux & porté és greniers des maifons refpondantes fur les riuieres du Quay, du Don, des Celeftins, & ailleurs.

POVR porter chacun muid de grain iufques au Quay, depuis la maifon des Rouges Lions fceant fur le grand Marché, & de toutes autres maifons & endroits qui ne font plus efloignez dudit Quay, vingt deniers.

DEPVIS le Moulin Bayart, le coing du Bloc, l'Eglife fainct Martin au Bourg, le coing du Cerf volla t rue des Vergeaux, & le Beffroy, iufques audit Quay, & en tous autres endroits moins efloignez d'iceluy Quay, deux fols tournois.

DEPVIS la Porte de Monftrefcu, Pont à fillettes, la Placette, les Cloiftres des Chanoines, Cour fir Fremin le Roux, Carfour de la belle Croix, Rue de la Viefene, Rue fainct Mrrv, l'Eglife S. Iacques, iufques audit Quay, & auffi loir g, pour muid trois fols tournois.

DEPVIS la ruë derriere S. Leu le bout du Don, l'Eglife S. Michel, toute la grande ruë S. Denys, ruë du Beau-regard, rue des Iardins, la Porte de la Hautoye iufques audit Quay, & auffi loing, pour muid trois fols fix deniers tournois.

DEPVIS le Pont du Change, la ruë de Ricquebourg, la Porte de Noyon, la Porte de Beauuais & Four des Champs, quatre fols.

De pareils fallaires pour porter lefdits grains depuis ledit Quay, iufques aux lieux fufdits, pour les mettre aux premiers eftages des maifons.

S'ILS portent le grain au fecond, troifiefme ou quatriefme eftage, leur fallaire accroiftra pour muid, de deux deniers chacun eftage.

POVR chacun muid de grain porté depuis le lieu nommé le bout du Don iufques & comprins le Pont à fillettes, au petit Quay, au moulin du Roy, ruë des Tanneurs, des Trippes, des Orfévres, de la Fourbiffe-rie, Haute ruë noftre Dame, ruelle de S. Remy, & les Cloiftres des Chanoines, & auffi loing, deux fols fix deniers.

DEPVIS ledit bout du Don iufques à la Porte de Monftrefcu, le bout de la Velliere, le grand Quay, les fœurs Grifes, l'Eglife S. Fremin à la Porte, les Halles, la ruë de la Vieferie, le Carfour de la belle Croix, la Ruë du Beau-regard, la grande rue S. Denis, la rüe de derriere l'Euefché, & des Auguftins, & auffi loing, trois fols

DEPVIS ledit lieu du Don iufques à la Porte de la Hautoye, au Four Defchamps, à la Porte de Beauuais, à la Porte de Noyon, & auffi loing, pour muid, trois fols fix deniers.

Et s'ils le portent au fecond, troifiefme, ou quatriefme eftage, leurs fallaires accroiftront pour muid de deux deniers chacun eftage.

EST deffendu, aufdits Porteurs au fac de prendre pour les effets fufdits, autres ne plus grands fallaires que les deffufnommez, fur peine pour la premiere fois, de dix liures Parifis, pour la feconde, vingt liures Parifis & fufpenfion de fon Eftat, & pour la tierce, de cent liures Parifis, priuation de fon Eftat, & punition corporelle.

PAREILLEMENT eft deffendu a toutes perfonnes d'eux entre-mettre & entreprendre fur les Eftats & offices defdits Porteurs au fac, fur pareille peine & amende que deffus : Neaumoins fi aucuns habi-tans veulent eux mefmes porter lefdits grains, ou iceux faire porter par leurs enfans, feruiteurs ou domeftiques, faire le peuuent. Et eft def-fendu aufdits Porteurs de les empefcher, fur peine de punition corpo-relle, & d'amende arbitraire.

L'Executeur de la haute Justice, ses sallaires.

LE Sergent & Executeur de la haute Iustice, a de present de gà-
ges, soixante escus par an, les vingt-cinq escus sur le Roy, & les
trente-cinq escus sur la ville, payables de mois en mois par auance.
Et outre a de la ville cinq aulnes d'Amiens de drap pour luy faire vne
robbe, & si est logé en vne maison qui appartient à la ville.

PLVS on luy donne sur la Maladerie, par aumosne au Noel vn
septier de bled, & vn autre septier à Pasques.

Luy est ordonné pour ses sallaires de fustiger vne personne sous la
Courtine,   quinze sols.

POVR le battre & fustiger par les Carfours,   vingt sols.

POVR mettre la corde au col à vne personne fustigee, comprins la
corde,   cinq sols.

POVR flestrir, comprins le feu,   vingt sols.

POVR pendre & estrangler,   soixante sols.
Et pareil sallaire pour despendre le corps & le rependre aux champs à la
Iustice ordinaire, y comprins les cordes.

POVR coupper vn poing,   quarante sols.

POVR trancher & coupper la langue,   quarante sols.

POVR trancher & coupper la teste,   vn escu vingt sols.
Et pareil sallaire pour mettre la teste en lieu eminent, porter & pendre
les corps hors la ville.

POVR rompre sur la Roüe,   vn escu quarante sols.
S'il met par apres le patient en quatre quartiers & porte les quartiers
en diuers lieux hors la ville, il a pareil sallaire.

POVR boüillir vne personne en eau chaude, vif ou estranglé,
vn escu vingt sols.
Et si le corps est par apres consommé en cendre, n'en a plus gràd salaire.

POVR chacune personne bruslee & consommee en cendre, vif ou
estranglé,   vn escu vingt sols.

Moyennant lesquelles sommes il est tenu fournir & liurer les cordes,
espée, coûteau, & autres outils : mais n'est tenu fournir les Eschelles,
Potences, Hourdages, Bois, ny aucuns fraiz de façon & charioy.

A luy appartient d'escorcher ou commettre gens pour escorcher les
cheuaux morts que l'on meine à la voirie, & pour ce faire luy est ordonné, ou à ses Commis, cinq sols pour chacun cheual : Toutesfois celuy
à qui appartient le cheual mort le peut luy-mesme escorcher si bon luy
semble, sans payer aucune chose audit Executeur, ou à les Commis,

mais ne le faire faire par autre.

EST deffendu audit Executeur, fur peine de punition corporelle, de cueillir & prendre aucune chofe au Grand marché, ny ailleurs, fur les viures & denrees que les forains y ameinent vendre, en quelque iour ny pour quelque occafion & caufe que ce foit, ny mefme les iours qu'il fera execution publique au Grand marché.

Ne peut fortir de la ville fans congé & permiffion de mefdits Sieurs.

Le 21. Feurier 1620. l'Executeur nommé Antoine Hebert ayant efté emprifonné, a accordé qu'il ne pourra prendre à l'aduenir aucuns œufs, ballays, ny oignons, conformément aux deffences cy-deffus.

DROITS APPARTENANS
à la ville d'Amiens, à caufe de fon Domaine.

PREMIEREMENT.

Droits du poids des Halles, baillé à Ferme.

POVR chacun cent de pefant de Laines, Aignelins, Locquets, Pignons, Pelures, & toutes autres fortes de Laines ou Linaiges indifferemment, le vendeur, foit forain ou habitant, doit au Hallier fix deniers obolle, qui eft pour chacune prec, deux deniers, & du plus & du moins à l'equipolent.

POVR chacun cent de pefant de fer en barreaux ou forgé, cire, colle, metail, plomb, fuif, bourre, lbeurre, fromage, eftain, garance, cendres ferrées, & de buffet: efpiceries, drogueries, raifins, alun, pruneaux, & de toute autre forte de marchandife, excepté celles cy deffus & cy apres parlé: A fçauoir par le vendeur forain, ou habitant non bourgeois quatre deniers tournois: Par le vendeur bourgeois, deux deniers: par l'acheteur non bourgeois, deux deniers: & fi l'acheteur eft bourgeois, n'en doit rien.

POVR chacun cent de Vaude, le vendeur non bourgeois doit douze deniers tournois: s'il eft bourgeois, quatre deniers tournois:

l'acheteur

l'acheteur non bourgeois , deux deniers: & fi l'acheteur eft bourgeois,
n'en doit rien.

POVR chacun cent de filé de trame ou d'eftain , doit le vendeur
deux fols.

POVR chacun cent de poudre à canon, & de falpetre , doit le vendeur forain douze deniers, le vendeur bourgeois fix deniers, l'acheteur
forain deux deniers, & l'acheteur bourgeois ne doit rien.

POVR chacun cent de Cordail , le vendeur non bourgeois doit
quatre deniers, le vendeur bourgeois deux deniers, l'acheteur non bourgeois deux deniers, s'il eft bourgeois ne doit rien.

POVR chacun cent de toute forte de marchandife pefee par efpal
deux deniers tournois, à payer par celuy qui les veut faire efpaller.

Ledit Hallier a pareil droit fur toutes marchandifes venduës par nu-
mero, tout ainfi que fi elles eftoient pefées aux Halles.

LVY eft deffendu prendre autres ne plus grands droits que les deffufdits, foit par forme de don, vin, ou autrement , à peine de prifon &
d'amende arbitraire.

DOIT le Hallier luy mefme & non autre qui n'aura ferment à
Cou't pefer toute marchandife entre deux fers, fans bailler aucun traict
n'eftoffe a l'acheteur.

LVY eft deffendu d'acheter ou faire acheter par perfonnes inter-
pofees , aucunes marchandifes efdictes Halles pour le reuendre ny regratter en ladite ville.

ESDITES Halles y a vn Clerc juré lequel doit tenir bon &
fidel regiftre & papier de toute la marchandife qui y eft pefee & les
noms & furnoms des vendeurs & acheteurs , & pour ce faire, eftre le
long du iour efdictes Halles aux heures que le poids s'y faict , lequel
Regiftre fait foy & s'en peuuent feruir en Iuftice les vendeurs ou acheteurs qui en ont befoin.

PAR Ordonnance publiée le 17. Nouembre 1601. Il eft deffendu
de pefer chez les marchands , fçauoir les laines à plus haut poids que de
fept liures , & autres marchandifes plus haut que de vingt cinq liures:
ains leur conuient faire pefer és Halles fur peine d'vn efcu parifis d'a-
mende, qui fera leuée tant fur le vendeur que fur l'acheteur, & de confifcation des poids , ballances, & marchandifes.

Deffences aux marchands de tenir en leurs maifons plus grand nombre de poids, ains les apporter efdictes Halles.

K k

Droiƈ du Guindal baillé à Ferme.

PREMIEREMENT chacun Tonneau de vin, qui font trois poinçõs ou quatre baricques : pareillement de chacun Tonneau de graiffe, d'huille ou de miel , & auffi d'vne grande balle de laine pefant faize cens & au deffus, mis en batteau au Quay & à l'enuiron, ou tiré du batteau & mis fus terre , ou mis de batteau en autre (n'eft pour alleger) comprins fa peine , feize deniers tournois.

Du plus & du moins à l'equipolent.

De chacun Tonneau de marchandife feiche, douze deniers.

Du plus ou du moins à l'equipolent.

De chacun grand mandequin plein de marchandife, d'vne balle de Liege , de chacun banc, coffre, ou buffet, & pareillement de chacune meulle feruant à remoeuller de quatre pieds de hauteur & au deffous, quatre deniers: de chacune moeulle excedant en hauteur quatre pieds iufques à fix pieds de haut , huiƈt deniers tournois.

De celle excedant fix pieds de haut, feize deniers.

De chacun pannier de marée ou d'huytres, d'vne tinette de beurre pefant foixante liures, & au deffus, deux deniers.

De chacune gonne de Saumon , de chacune cacque de harencs, de chacune botte de fer, de chacun moyeul a Charron pour faire roües, vn denier.

De demy cacque ou cacquin de herenc, à l'equipolent.

De chacun chefne mis en batteau ou tiré fur terre à l'ayde du poullain, huiƈt deniers tournois.

De celuy qu'il conuiendra tirer à l'ayde du Guindal, trois fols.

De chacune piece de grez mife ou tirée auec cordes, planches & poulains, vn denier tournois.

De chacune autre piece de Grez qu'il conuiendra tirer à l'ayde du Guindal, trois fols tournois.

De chacune meulle de Moulin feruant à moudre bled tirée du batteau & mife fur le chariot, feize fols.

De celle mife fus le paué feulement, douze fols tournois.

De chacune piece d'Artillerie auec le roüage, l'affut, ou fera befoin employer le Guindal , douze fols tournois.

De celle qui fera prife fur le paué & mife fur le chariot, 12. fols tourn.

De celle qui s'y pourra mettre ou tirer auec le poullain, comprins roüage & affuft, deux fols.

Et de toutes marchandifes qui pourront eftre mifes dedans lefdits batteaux ou tirées & mifes fur terre a bras, fans l'ayde des cordes & pou-

Jain, & qui fe pourront porter fans ayde & par vn homme feul , n'en
eft deu aucune chofe.

PAR Arreft de la Cour de Parlement du vingt-vniefme May mil
cinq cens quatre-vingts huiÆ , Deffences font faites au Guindalier de tirer , charger , defcharger , ou aualler aucuns vins auec cordes & poul-
lains; ains feulement la Cour luy a permis ce faire auec le Guindal
lors qu'il en fera requis par les marchands & non autrement , fauf à luy
à fe pouruoir pour les droits par luy pretendus à caufe dudit Guindal,
contre les marchands & autres que bon luy femblera.

Droiĉt de Geollage du Beffroy.

EST ordonné que les Prifonniers qui feront amenez de dehors
audit Beffroy pour cas criminel ou ciuil, fera prins par le chepier
dudit Beffroy huiÆ deniers parifis d'entrée, & huiÆ deniers parifis d'iffuë : fix deniers parifis du iour , & fix deniers parifis de la nuiÆ s'ils y
couchent , pour droit de Chepaige.

Et fi aura des habitans demeurans en ladite ville d'Amiens fubjets de
Meffieurs Majeur, Preuoft & Efcheuins qui y feront mis prifonniers
tant de par le Roy, que par la Ville, quatre deniers parifis d'entrée, &
quatre deniers parifis d'iffuë, & pour iour & nuit 8.deniers parifis.

Et au regard de ceux qui y font mis prifonniers de nuiÆ & defpef-
chez endedans le lendemain huit heures du matin ils ne doiuent que
nuiÆée.

Droiĉts de Chauffee, baillee à Ferme.

Ordonnance faite de par le Roy fur le fait des Chauffees de la ville
de Paris, & autres b. nnes villes de ce Royaume.

C'EST à fçauoir que toutes denrées quelfconques entrans à Paris
ou iffansdehors Paris,& pareillement aux autres bonnes villes,
foit pain, vin, foing, feurre, marien, œufs , poulailles , cheuaux, efchal-
lats, fruiÆ , terre à potier, tuille , plaftre , cuir , moilon , pierre de taille,
charbon, tuftailles, veaux , fromages , herbes , courtillages, d'eaux fai-
dres,verres , & generallement toutes autres denrées,hors auoir de poids
à quelfconques perfonnes qu'ils foient : les VoiÆuriers pour leur charrettes prennent deux deniers parifis, pour le cheual vn denier parifis,
pour le Chariot quatre deniers parifi; vne fois le iour tant feullement
paffans & repaffans , s'ils ne changent maiftre , auquel cas ils feront tenus de payer pour chacune fois qu'ils changeront maiftre: c'eft à fçauoir

qu'ils meneront & diuerſes perſonnes pour chacun maiſtre vne fois le
iour tant ſeulement.

Item toutes Charrettes, Chariots & Cheuaux chargez, d'auoir de
poids, comme draps, laines, lanes, agnelains lauez, toutes merceries,
plomb, eſtain, airain, eſpées, fer, acier & toutes tainctures, & generallement tout autre auoir de poids, la Charrette payera quatre deniers pariſis, pour le Cheual deux deniers pariſis : pour le Chariot huit deniers
pariſis, vne fois le iour tant ſeulement paſſans & repaſſans : & pareillement toutes voictures chargées d'auoir de poids payeront, ainſi que
deſſus eſt dict.

Item, tous bourgeois de ladite ville de Paris, & autres bonnes villes
ayans voitures tant Cheuaux, Chariots, que autres harnois, gaignans
à autruy payeront en la maniere que dit eſt.

Item, Le Roy a Ordonné & Ordonne, que tous ceux qui ſont refu-
ſans ou contrediſans de payer iceluy Ayde, ſoyent contraints de l'amende, & pour chacune fois qu'ils deſobeïront de payer iceluy ayde, en
vingt ſols pariſis d'amende, laquelle ſera conuertie eſdites Chauſlees,
nonobſtant quelſconques oppoſitions ou appellations.

Excepté gens de noſtre grand Conſeil, des gens de noſtre Parlement, les Maiſtres des Requeſtes de noſtre Hoitel, des gens de noſtre
Chambre des Comptes, Treſoriers Generaux, les gens des Enqueſtes,
Maiſtres de nos Monnoyes, nos Secretaires & Notaires prenans bourſe & gages, les Eſleuz ſur le fait des Aydes ordonnez pour la Guerre,
tous vrays Eſcoliers eſtudians en l'Vniuerſité de Paris, Clercs, Nobles,
gens d'Egliſe, & les Bourgeois de Paris, & d'autres bonnes Villes, des
choſes qui touchent leurs heritages, & qu'ils feront venir pour leur
vſer tant ſeullement, & non autres gens.

Excepté que leſdits Bourgeois payeront des Monſts qu'ils feront venir de leurs heritages endedans la Sainct Martin d'hyuer depuis le
commencement des Vendanges iuſques audit iour S. Martin, pour la
Charrette deux deniers pariſis, pour le Cheual vn denier pariſis, &
pour le Chariot quatre deniers pariſis, comme deſſus eſt dict.

EST à noter, que les ſommes cy deſſus ont eſté leuées ſeulement
au tournois de tout temps en la vllle d'Amiens.

Duquel droit de Chauſſee les habitans ſont exempts pour les biens
qu'ils font amener pour leurs prouiſions: Recours en l'Eſcheuinage du
dix huictieſme Octobre mil quatre cens vingt-neuf.

Trauers

*Trauers par terre deu en la ville d'Amiens, moitié à
Monsieur l'Euesque d'Amiens, & l'autre moitié à
ladite ville, à cause de la Preuosté Royalle d'icelle.*

LE Chariot à quatre Roües chargé de bled, grains, vins, sel, miel,
poissons de mer, chardons, bourre, guelde, fer, cloux, acier,
plomb, estain, cuiure, & autres metaux, cuirs, beurre, & de tous fruicts,
excepté le sauuage, doit quatre deniers de Trauers à Monsieur l'Euesc-
que & à la ville, chacun par moitié.

La Charrette chargee des choses dessusdites à vn cheual doit vn denier. Et s'il y a plus grand nombre de cheuaux, doit deux deniers.

Si la Charrette est conduitte d'vn seul cheual, auec des asnes, ou bien
seulement auec des asnes, ne doit qu'vn denier de trauers.

La charge du cheual des marchandises dessusdites, & d'oignons & de
semences, doit demie obolle : Sauf s'il est charge de miel, d'ouurage
d'esperonnerie, de cloux ou de mercerie, doit obolle. Et s'il est chargé
de bourre, doit vn denier.

La charge de Cheual, de poiure, de conin, d'encens, d huille, de cot-
ton, d'alun, de bresil, ou de graine, doit quatre deniers.

Chacune piece de drap de soye, chacun sac de laine, le poinçon de
suif ou d'oing, le grand Tonneau d'huille, & le Tonneau d'acier doiuent quatre deniers.

La perrée de suif ou d'oing n'estant en poinçon, doit obolle.

Quatre sachées de poix raisine, doiuent vn denier.
Et si le sac auoit huit pieds de longueur, doit chacun sac deux deniers.

La Charrette chargee de draps, qui va à feste, doit quatre deniers de
trauers, & outre a ladite ville sept deniers obolle de conduit.

Si le passant veut outre lesdits droits payer encore deux sols, il ne
payera aucune chose de toute la marchandise qu'il ramenera au retour.

Le fardeau cordelé ou mis en scelle, ou la charge du cheual de draps,
langes, toilles, ou coutils, & de toutes autres choses qui s'acquittent par
fardeaux & non par poids ou nombre, doiuent quatre deniers.

Et si l'homme est monté sur le cheual portait auec luy vn trousseau
& fardeau des choses susdites, doit deux deniers.

Si pareil fardeau est mis en Chariot ou Charrette, doit aussi 2. deniers.

Chacun drap, couti', ou piece de toille, s'ils ne sont en fardeaux ainsi
que dit est, doit vn denier.

L l

Chacune piece de canneual, fustanne, trauersain, couffin ou vieil vetement, vne obolle.

La douzaine de cordoüan ou de bazanne, deux deniers.

La douzaine de peaux de mouton ou la peau d'vn afne, vne obolle.

Le cent de peaux de menus voix, d'efcureaux, & de toutes peaux fauuages, quatre deniers.

Le cent de peaux d'aigneaux & autres femblables, auec le poil, deux deniers. Et fi elles font pelees, ne doiuent rien de trauers.

La pane, ou pliffon de mouton, daigneaux ou d'aignelins, vne obolle.

Le pane ou pliffon de chef-d'œuure, de voir, ou d'efcureux, connins ou de peaux fauuages ou leuier, manteau de fourrure, vn denier.

La tourte, boulle, ou pain de cire, vn denier.

La meulle à moulin, deux deniers.

La marchandife fufdite qui s'acquitte au cent, à la douzaine, à la perrée ou à la piece, fe payera par cent, par douzaine, par la perrée, ou à la piece, aux prix deffufdits, fi mieux n'aime le conducteur, payer pour la charge du cheual, feize deniers.

Toute marchandife apportée à col ou auec broüette, ne doit aucun trauers.

Le cheual ou jument de trait & labeur, n'ayant bride ne fcelle, le poulain non alaictant, le bœuf, la vache, le porc vif, ou fallé, vendu ou à vendre, doiuent chacun vn denier, vn poulain alaictant ne doit rien.

L'Afne, l'Afneffe, le Veau, le vera, la Truye, le Pourcelet fevré, le Bouc, la Chévre, ou la Vache fallée, chacun vne obolle.

Le Veau ny le Pourcelet alaictant ne doiuent aucune chofe.

Le mouton ou la brebis chacun vne demie obolle, qui eft pour quatre moutons ou brebis, vn denier.

Le tout tant pour le droit dudit fieur Euefque que pour celuy de ladite ville, chacun par moitié, ainfi que dit eft.

Et quiconque paffe fans payer & acquitter le droit du Trauers deffufdit doit vn efcu d'amende audit fieur Euefque, & à ladite Ville par moitié chacun.

Trauers par eau deu comme le precedent, moitié audit fieur Euefque, moitié à ladite ville, à caufe de la Preuofté.

LE muid de bled, ou autre grain doit vn denier de trauers.

La baftelée de Guelde n'eftant en frayel doit fix deniers.

S'il eft en frayel, doit pour chacun frayel deux deniers.

Le laiz de cuir, doit quatre deniers.

Le baron fallé, doit fept deniers.

Chacun millier de harencs mené par eau du Quay à Corbie, doit vne obolle, & trois harencs.

Toutes autres denrées & marchandifes doiuent pareil trauers,par eau que par terre, ainfi qu'il eft cy deffus exprimé par le menu.

Quiconque paffe fans acquitter ledit Trauers par eau doit femblable amende, d'vn efcu, audit fieur Euefque & à la ville par moitié.

Droit de Foüée appartenant à Monfieur l'Euefque d'Amiens, à Monfieur le Vidame d'Amiens, & à ladite ville à caufe de la Preuofté, chacun vn tiers.

L A Charrettée de toute forte de bois rond, ou mairien,gros bois, gloes, fagots, pius, lattes, verges, chocques, chocquettes, aiffelles, effieux, gantes,retz,moyeux,arçons,à fcelles ou de nocs, vn denier.

De chacune Nefs ou Batteau chargé de bois rond mairiens, pius,lattes, verges, aiffelles, de chacun cent vn denier.

De chacune Nefs ou Batteau chargé de gloës,fagots,chocques, chocquettes & de tout bois à brufler, vne obolle.

Les tilleuz ne doiuent aucun droit de foüée.

Comme auffi les Charrons & Tonneliers de cette ville ne doiuent aucun droit de Foüée, des chofes qu'ils font venir pour mettre en œuure ou de ce qu'ils vendent mis en œuure.

LES DITS droits de Chauffee, Trauers,& Foüée, depuis l'année mil cinq cens vingt-neuf, ont efté toufiours baillez à Ferme enfemblement, chacune Porte à part,par mefdits Sieurs: Auparauant le droit de Chauffee fe bailloit à part, le Trauers à part, & la Foüée à part : & fe faifoit toufiours le Bail du Trauers à la charge que le preneur ne pourroit aucune chofe demander de la marchandife amenée en la ville pour vendre,& laquelle de fait y feroit venduë : ne pareillement pour celle qui y feroit achetée prinfe & chargée en ladite ville & apres tranfportée dehors.

ENSVIT LA DECLARATION DES DROITS

de plusieurs Tonlieux qui se leuent en ladite ville d'Amiens, desquels droits les Bourgeois de ladite ville sont francs & exempts en acquittant & payant chacun an trois deniers à Monsieur l'Euesque d'Amiens, pour le droit qui se nomme le Respit Monsieur Saint Fremin, endedans huit iours apres le iour Monsieur Sainct Fremin vingt-cinquiesme de Septembre.

Tonlieu du bled appartenant pour moitie à Monsieur l'Euesque d'Amiens, & l'autre moitié à ladite ville, à cause de la Preuosté d'icelle ville.

LE Chariot de bled vendu au marché doit deux deniers, à payer par le vendeur.

La Charrette chargée de bled conduite à deux cheuaux ou à plus grand nombre, doit aussi deux deniers.

S'il n'y a qu'vn cheual à conduire ladite Charrette, doit vn denier.

La charge de deux cheuaux ou de deux asnes, doit vne obolle.

Le muid de bled, doit vne obolle.

Qui vend moins de demy muid de bled, ne doit rien.

Le muid d'auoine, doit vn denier.

Pareil droit que dessus est deu par l'acheteur, n'est qu'il soit bourgeois lequel est exempt dudit Tonlieu.

DEPVIS l'An mil cinq cens soixante-vn que mesdits Sieurs acheterent de Monsieur le Vidame d'Amiens le pretendu droit de PICQVETAIGE qu'il prenoit sur les grains vendus en ladite ville, pour iceluy esteindre & abollir pour le soulagement du peuple : Pour ceste mesme consideration, ils n'ont depuis baillé à Ferme la moitié qu'ils ont audit Tonlieu du bled, & s'est seullement baillée l'autre moitié par Monsieur l'Euesque d'Amiens ou ses Officiers, partant ses Fermiers ne doiuent prendre & cueillir la moitié du droit cy-dessus exprimé : A quoy l'on doit tenir la main.

Tonlieu

Tonlieu d'auoir de poids appartenant comme deſſus
moitié à mondit ſieur l'Eueſque, & moitié à ladite ville,
à cauſe de la Preuoſté.

LA ſomme de miel à payer par le vendeur, vn obolle.
Le muid de ſel, vn obolle.

Cent liures de poiure, de comin, d'encens, de graines de breſil ou d'alun, quatre deniers.

Le millier de plomb, doit quatre deniers.

Cent liures de plomb, vne obolle.

Cent liures d'autre metail, quatre deniers.

Le cent de menu acier, la jarbe ou botte d'acier, la chaudiere, le chauderon, le pot d'airain, ou la poelle d'airain ou de fer, deux douzaines de fer à cheual, douze fers à charruë, vne Charrettée de cloux, ou la charge d'vn cheual de cloux, doiuent vne obolle.

Le cent deſpourduites doit vne obolle.

Si l'on vend à la douzaine les chauderons, les pots, ou les payelles d'airain ou de fer, chacune douzaine doit quatre deniers.

La meulle doit vn denier.

Pareil droit eſt deu par l'acheteur s'il n'eſt bourgeois, s'il eſt bourgeois il en eſt exempt.

Lediɹ de Tonlieu d'auoir de poids eſt baillé à Ferme ordinairement auec la maiſon & poids de grandes Halles.

Tonlieu des laines à partir par moitié comme deſſus.

LA perrée de layne ou d'aignelins, doit vn obolle à payer par le vendeur.

Six veaures de laine & au deſſus, iuſques à vne perrée doiuent vn obolle. Moins de ſix veaures de laine ne doit rien.

La vendüe d'aignelins au deſſus de ſix ſols iuſques à vne perrée doit vn obolle, & au deſſous de ſix ſols ne doit rien.

Le millier de chardons doit vn obolle.

La paire de chauſſes en valleur de deux ſols doit vn obolle, ſi elle eſt de moindre valleur, ne doit rien.

La liſte doit vn obolle, & s'il en y a douze enduës enſemble doiuent quatre deniers.

Pareil droit eſt deu par l'acheteur non bourgeois, & le bourgeois n'en doit rien.

M iij

Tonlieu des toilles & des draps à payer par moitié comme dessus.

LA toille de linge en piece, deux deniers, à payer par le vendeur. La toille de canneual, vn denier.

La toille lange si elle est de trois aulnes vn denier, si elle est moindre vne obolle. Si plus y a que six aulnes doit vn denier obolle.

De dix aulnes ou de plus, deux deniers.

Pareil droit est deu par l'acheteur, s'il n'est bourgeois, lequel en est exempt.

Tonlieu du bestail à partir par moitié comme dessus.

LE Cheual, la Iument, ou le Poulain vendu doit deux deniers, à payer par le vendeur.

Le Poulain alaictant s'il est vendu auec la mere, ne doit rien.

La vache, le veau, le porc, la truye, auec ou sans les pourcelets, le pourcelet vendu feparément, le bœuf, la chévre, ou le bouc, doiuent chacun vne obolle.

Si le veau alaictant est vendu auec fa mere, ne doit rien.

Quatre moutons ou quatre brebis, vn denier.

Pareil droit est deu par l'acheteur non bourgeois, & s'il est bourgeois n'en doit rien.

Tonlieu du Guelde à partir par moitié comme dessus.

QVI vend Guelde doit de chacun baril, vn denier. Si les marchands vendans Guelde veulent payer 12. deniers par an, ne payeront plus pour chacun baril qu'ils vendront vne obolle.

S'il est de l'Eglise, & demeure hors de l'Eglise, en payant douze deniers par an ne payera autre droit.

S'ils ne veulent payer lesdits douze deniers, payeront de chacun baril vne obolle.

Pareil droit est deu par l'acheteur non bourgeois, & s'il est bourgeois n'en doit rien.

Tonlieu des menuës chofes à partir par moitié comme dessus.

LA fomme d'aulx doit vne obolle. Le Batteau ou Nafselle chargé d'oignons, doit deux deniers.

La chartée d'oignons à vn cheual doit vn denier, A deux cheuaux ou à plus, doit deux deniers par le vendeur, & autant l'acheteur.

Le millier de chardons doit vne obolle de la part du vendeur, &
l'acheteur vne obolle.

La fomme d'oignons doit vne obolle de la part du vendeur, &
l'acheteur vne obolle.

Tonlieu de la Vieferie à partir par moitié, côme deffus.

L E manteau vieil ou neuf, ôbit vn denier.
Le linceul neuf ou vieil & le vieil accouftrement, vne obolle.
Si l'accouftrement vieil vaut moins de deux fols, ne doit rien.

Le coutil, le couffin, ou l'oreiller, doiuent vne obolle.

Vne paire de chauffes vne obolle, pourueu qu'elles foient en valleur
de deux fols, fi elles vallent moins, ne doiuent rien.

Pareil droit doit l'acheteur, s'il n'eft bourgeois.

Tonlieu du fruit à partir en trois, vn tiers à Monfieur l'Euefque, vn tiers à la ville, & l'autre au fieur du fief des Pots.

L A Chartée de fruits, de poires, de pommes, de raifins, ou d'aigret en
grappes, de merles, ou de noix gaugues, & de tous fruits fors les fauuages qui croiffent aux bois, à vn cheual ou à plufieurs, doit deux deniers : Qui l'achepte à vn cheual doit vn denier, & à deux cheuaux
ou plus, deux deniers.

La fomme de fruits ou de noix à cheual ou à afne doit d'entrée de
la part du vendeur, & qui l'achepte, vne obolle,

Quant aux fruits fauuages comme noifettes, petites poires, cornail-
les & autres qui croiffent au bois, ne doiuent rien.

Si l'acheteur eft bourgeois de la ville, ne doit aucun droit de Tonlieu.

Tonlieu du pain appartenant par moitié à Monfieur l'Euefque d'Amiens, & l'autre moitié à ladite ville à caufe de ladite Preuofté.

L A Chartée de pain amenée pour vendre, à vn cheual doit vn
denier, à deux cheuaux & plus doit deux deniers.

La Nef chargée de pain, doit deux deniers.

La fomme à cheual ou à afne, doit demie obolle.

Pareil droit eft deu par l'acheteur non bourgeois, & s'il eft bourgeois ne doit rien.

Tonlieu du poiffon de Mer.

Q V I vend poiffon, de chacun pannier doit vn denier de Tonlieu,
& de forage vne obolle, qui l'achete doit de chacun pannier
vn denier.

La fomme de poiffon à cheual ou à afne doit vn denier de Tonlieu, & de forage vne obolle.

Le millier de Merlens & de Macquereaux doit quatre deniers de Tonlieu, & deux deniers de forage de la part du vendeur , & qui l'achepte doit quatre deniers.

Cent muls ou mulets ou bars, doiuent quatre deniers de Tonlieu, & deux deniers de Forage de la part du vendeur, & qui l'achete 4. deniers.

Le cent de menus poiffons comme Annons, Rayes, & autres femblables doit deux deniers de Tonlieu, & vn denier de Forage de la part du vendeur, & vn denier de la part de l'acheteur.

Le millier de harencs doit deux deniers de Tonlieu, & vne obolle de Forage, & celuy qui l'achepte & porte hors doit 2. deniers de Tonlieu.

Demy millier ou quatre cens de harencs doit vn denier de Tonlieu, & demie obolle de Foraige de la part du vendeur, & qui l'achepte doit vn denier de Tonlieu, Et moins de quatre cens harencs ne doit qu'vn obolle. Et moins de deux cens ne doit rien.

Les moulles, les huitres, ny les Annons, ne doiuent rien.

Celuy qui ameine poiffon à la broüette, ou fur fon col, ne doit aucun Tonlieu.

Comme auffi ne font les bourgeois de cette ville achetans poiffon.

Les petits panniers, dont le droit appartient à la ville feulement.

CHACVN pannier de marée que l'on meine vendre en ladite ville , doit quatre deniers.

Chacune Cloielle de marée, pourueu qu'en icelle y ait poiffon plat qui fe verfe, quatre deniers.

Les panniers de mulets, maquereaux, fellerins, harencs frais, harencs fors, harencs blancs , faulmons, moruës, & merlens fallez, ne doiuent aucun droit à ladite Ferme des petits Panniers, mais feulement tonlieu, n'eft qu'il y ait quelques autres poiffons de mer meflez parmy. Auquel cas, chacun pannier doit quatre deniers.

Tonlieu de la Potterie, à partir en trois , vn tiers à Monfieur l'Euefque, vn autre à la ville d'Amiens, à caufe de la Preuofté, & l'autre tiers au fieur du Fief des Pots.

LA Chartée de pots, doit deux pots & deux cannes.
La fomme de pots, doit deux pots en valleur d'vne obolle.

Tonlieu

*Tonlieu du Sel appartenant pour moitié à Monsieur l'Euesque
d'Amiens, & l'autre moitié à ladite ville à cause de la Preuosté.*

LA Nef ou Batteau chargé de sel, doit quatre septiers de sel, & si au
Batteau y a moins qu'vne chartée de sel, ne doit que deux septiers.

Le Tonlieu du sel, par Ordonnance du Roy a esté reduit à l'argent,
& estimé pour chacun Batteau à seize sols huit deniers, dont Monsieur
l'Euesque prend la moitié, & la ville l'autre moitié par les mains du
Greffier du Magazin, sur les certifications des Grenetier, Controlleur,
& Greffier du Magazin.

Estaplage.

CHACVNE piece de vin estaplée au Marché doit quatre deniers pour droit d'estaplage, dont la moitié appartient à Monsieur l'Euesque d'Amiens, vn quart à la ville, & l'autre quart à Monsieur sainct Vvin.

*Tonlieu des Cuirs appartenant par moitié à monsieur l'Euesque
d'Amiens, l'autre moitié à la ville à cause de la Preuosté.*

LA peau de Houpil doit vn obolle, les douze peaux doiuent quatre deniers. Chacun cuir tanné doit vn obolle.

La tache des cuirs auec le poil doit deux deniers, & chacun cuir par
soy vn obolle.

Pareil droit est deu par l'acheteur non bourgeois, & s'il est bourgeois
ne doit rien.

Preage appartenant du tout à la ville à cause de la Preuosté.

AV Marests qui tient d'vne part au village de sainct Maurice,
d'autre part au village de Longpré, aucuns n'y peuuent mettre
bestial pour pasturer sinon les habitans d'Amiens, de Longpré & sainct
Maurice, & doiuent ceux dudit lieu de sainct Maurice double preage
pour leurs vaches.

Chacune beste, mouton ou brebis, doit vn obolle par an si tost
qu'elle entre au pré.

Chacune vache doit vn denier par an, & si les vaches appartiennent
à ceux de sainct Maurice, doiuent de chacune deux deniers par an.

Chacun veau vn obolle : S'il est de sainct Maurice, vn denier par an.

Chacun Cheual vn denier par an.

Le poulain ou Loison, vn obolle.

Chacun pourceau qui sera trouué au pré, devra deux sols d'amende.

Ceux desdites trois villes qui sont refusans payer ledit preage doiuent trente deniers d'amende.

Si audit pré on prend beftes appartenans à autres qu'efdits trois villes payeront chacun trente deniers d'amende.

Si on trouue quelque trouppe d'oyfons appartenans à autres qu'à ceux defdites trois villes, doiuent pour amende vn oyfon pour chacune trouppe, à chacune fois qu'ils y feront pris.

Si aucun pelle ledit pré, doit trente deniers d'amende.

Roüage du lin & de la chanure appartenant du tout à la ville à caufe de la Preuofté.

CE V X qui mettent roüir lin ou chanvre en l'eau qui joinct au mareft de fainct Maurice, doiuent de vingt & vne bottée, l'vne pour droit de roüage.

Preuofté du grand Pont.

CHACVNE Nef ou Batteau qui auale le Pont du grand Pont d'Anis, doit trois deniers,

Chacune baftelée de fel qui monte à mont le Pont du grand Pont doit vne efpuchée fuffifante du fel paffant.

Chacune baftelée de poiffon frais ou fallé qui monte à mont, doit feize poiffons, des poiffons mefmes qu'il y a.

DROITS D'ESTALLAGE.

CHACVN eftal dreffé & qui fert pour vendre Croc, pelleterie, fouliers, cuirs tannez, chairs, fors aux boucheries, fuif, oing, & draps, par chacune fepmaine vn obolle.

Si le marchand eft eftranger, & il vend toilles ou chauffes, doit pour fon eftat & pour fon Tonlieu vn denier par femaine.

Les Artoifiens & les Flamands, doiuent pour leur Eftal & pour leur Tonlieu, chacune fepmaine deux deniers.

S'ils vendent leur marchandife à terre fans eftat, ne doiuent rien.

Chacun eftal a mercier s'il y a chofes pendantes à vendre, doit vn obolle.

Si elles font gifantes ou coiffes pendantes, doiuent demie obolle.

De tous les eftaux à mercier, eft deu fur la part de Monfieur l'Euefque vn denier au Tonlieu.

Les eftaux à vendre femences, doiuent vn obolle par femaine.

Et l'eftal à vendre fel, doit vne obolle au Tonlieu.

Toreilage & Cambage.

TOVTES les Cambes d'Amiens, vilennies ou autrement: Toutes les Brafferies de cette ville qui ne doiuent cens au frocq du Roy, doiuent chacune fepmaine vn feptier de ceruoife, vn pot de la

valleur d'vn obolle , & vn pot de la valleur d'vn denier,& vingt-deux
feptiers d'auoine à ladite ville d'Amiens, à caufe de la Preuofté. Et pareil droit , à Monfieur l'Euefque d'Amiens.

Loy des Boulens.

CHACVN eftal de Boulenger,Tauernier,Hoftelier,ou autres
perfonnes qui font pain pour vend'e, doiuent deux fois par an
le lendemain de la fainct Remy, exceptez ceux qui font demeurans en
maifon qui doiuent cens, au frocq du Roy.

Amendes des Arrefts.

QVICONQVE eft arrefté au corps pour debte en ladite ville,
s'il eft atteint de la debte par fa confeffion ou par tefmoins , il
doit trente deniers d'amende à ladite ville à caufe de la Preuofté.

Amendes des deffauts premiers.

CELVY qui eft adjourné pardeuant Meffieurs en l'ordinaire des
Plaids tant de la Mairie,Efcheuinage, qu'au fiege de la Preuofté,
& il eft defaillant de comparoir ou faire comparoir Procureur pour
luy, pour le premier deffaut il efchet en deux fols d'amende.

Amendes des folles appellations.

CELVY qui fe porte appellant des Appoinctemens, Sentences,
& Iugemens donnez tant au Ciuil qu'au Criminel au fiege de la
Mairie, Efcheuinage & fiege de la Preuofté : S'il eft declaré mal appellant par le Iuge *ad quem*, efchet en l'amende d'vn efcu quinze fols enuers ladite ville.

Amendes portées par la Couftume Localle de ladite Ville efquelles ont part , Meffieurs les Euefque & Vidame d'Amiens, auec ladite ville,comme il s'enfuit.

POVR frapper de la main y a amende de vingt fols parifis , dont
en appartient à ladite ville à caufe du Domaine d'icelle quinze
fols parifis : Et à caufe de la Preuofté deux fols, deux deniers pite parifis, à Monfieur l'Euefque d'Amiens quinze deniers parifis, & à Monfieur le Vidame dix huit deniers obolle pite parifis.

POVR ferir & abattre par terre par courroux & debat y a amende
de foixante fols parifis , dont en appartient à ladite ville à caufe du Domaine d'icelle quarante fols parifis , & à caufe de la Preuofté huit fols
neuf deniers parifis, audit fieur Euefque cinq fols parifis , & audit fieur
Vidame fix fols trois deniers parifis.

POVR tirer coufteau ou efpée en debat ou par mal-vueillance il efchet en l'amende de fix liures parifis, dont en appartient au Domaine de ladite ville quatre liures parifis, & encores à ladite ville à caufe de la Preuofté dix-fept fols fix deniers parifis, audit fieur Euefque dix fols parifis, & audit fieur Vidame douze fols fix deniers parifis.

QVI frappe de bafton, caillou, efpée, ou d'armes moluës, il efchet en amende de neuf liures parifis, dont en appartient au Domaine de ladite ville fix liures parifis, & à caufe de la Preuofté vingt-fix fols trois deniers parifis, audit fieur Euefque quinze fols parifis, & audit fieur Vidame dix-huit fols neuf deniers parifis.

Et doiuent lefdites amendes eftre adjugées par lefdits Majeur Preuoft & Efcheuins aufquels en appartient la connoiffance, pour y eftre pris les droits du Roy & defdits fieurs Euefque & Vidame d'Amiens.

Toutesfois en tous lefdits cas l'amende peut eftre plus grande à la difcretion de Iuftice felon l'exigence du cas, & non moindre que la couftumiere.

Quant aucun eft navré ou blefsé dont mort ou mefchain fe peuft enfuiuir, lefdits Majeur Preuoft & Efcheuins apres information faicte font par leurs Sergeans & par cry public aux lieux accouftumez appeller les delinquans pour comparoir endedans le lendemain pour efter à droit : & s'ils font deffaillans il efchet par vn feul deffaut en l'amende de foixante liures parifis, dont au Roy en appartient vingt-fept liures parifis, & à ladite ville trente-trois liures parifis : & fi mort s'en enfuit, l'on procede contre les delinquans & deffaillans.

QVI eft attaint d'auoir iniurié autruy par parolles, il efchet en l'amende de vingt fols parifis enuers ladite ville.

La connoiffance de tous autres delits & infractions d'Ordonnances de ladite ville & Iugement des amendes qui en prouiennent appartient aufdits Majeur Preuoft & Efcheuins, & font lefdites amendes au profit de ladite ville fans part d'autruy.

Pour la Iurifdiction des Iuge & Confulz des Marchands.

LE ROY, par Lettres Patentes données à S. Maur, le feiziefme iour de May mil cinq cens foixante-fept, deuëment enterinées, A permis à Meffieurs les Majeur Preuoft & Efcheuins de ladite ville d'Amiens, eflire chacun an fi toft qu'ils auront efté creez par le peuple efdites charges, vn Iuge & trois Confulz d'entre eux Marchands, pour connoiftre iuger & decider tous les differends eftans & qui feront cy apres entre Marchands pour faict de marchandife fuiuant l'Edict & Declaration faites pour les Iuge & Confulz de la ville de Paris, lefquels

Efleuz

Efleuz, fa Majefté pour cet effet crée & eftablit à l'inftar des autres
villes auec femblable pouuoir & auctorité, & pour en iouïr tout ainfi
qu'il eft au long & particulierement contenu aufdits Edict & Declaration.

PAR LEDICT du mois de Nouembre mil cinq cens foixante-
trois, de la Creation des Iuges & Confuls de la ville de Paris, eft porté
que lefdits Iuge & Confuls connoiftront de tous procez & differens qui
feront meuz entre Marchands pour fait de marchandife feulement,
leurs vefues marchandes publiques, leurs Facteurs feruiteurs & com-
mettans, tous Marchands, foit que lefdits differents procedent d'obligation, cedulles, recepiffez, lettres de change ou credit, refponces,
affeurances, tranfports de debtes & nouations d'icelles, comptes, cal-
cul & erreur en iceux : compagnies, focietez ou affociations ja faictes,
ou qui fe feront à l'aduenir.

De'quelles matieres & differends fa Majefté attribuë & commet la
connoiffance Iugement & decifion aufdits Iuges & Confulz, & aux trois
d'eux, priuatiuement à tous fes autres Iuges, appellé auec eux (fi la matiere y eft fubjette, & en font requis par les parties) tel nombre de perfonnes de Confeil qu'ils aduiferont.

Il declare nuls tous tranfports de cedulles, obligations & debtes qui
feront faits par les Marchands à perfonnes priuilegiez ou autres quelconques non fubjets à la Iurifdiction defdits Iuge & Confulz.

Et pour coupper chemin à toute longueur & ofter l'occafion de fuyr
& plaider, veut que tous adjournemens foient libellez & qu'ils contiennent demande certaine.

Que les parties foient tenuës à comparoir en perfonnes à la premiere
affignation pour eftre oüis par leurs bouches, s'ils n'ont legitime excufe
de maladie ou abfence, efquels cas enuoyeront par efcrit leur refponce
fignée de leur main propre, ou oudit cas de maladie de l'vn de leurs
parens, voifins ou amis, ayans de ce charge & procuration fpecialle dont
il fera apparoir à ladite affignation : le tout fans aucun miniftere d'Aduocat ou Procureur.

Si les parties font contraires & non d'accord de leurs faits, delay com-
petant leur fera prefix à la premiere affignation, dans lequel ils pro-
duiront leurs tefmoins qui feront ouys fommairement, & fur leur
depofition le differend fera iugé fur le champ, fi faire fe peut, dont il
charge l'honneur & confcience defdits Iuge & Confulz.

NE peuuent lefdits Iuge & Confuls en quelque caufe que ce foit
octroyer qu'vn feul delay, qui fera par eux arbitré felon la diftance
des lieux & qualité de la matiere, foit pour produire pieces ou tefmoins,
& iceluy efcheu & paffé doiuent proceder au Iugement du differend

Oo

entre les parties sommairement & sans figure de procez.

Leur enjoint vacquer diligemment en leur charge sans prendre directement ou indirectement en quelque maniere que ce soit aucune chose, present ou don, sous couleur ou nom d'espices, ou autrement, à peine
de crime de concussion.

VEVT que des Mandements, Sentences ou Iugements qui seront
donnez par lesdits Iuge & Consuls, ou les trois d'eux comme dessus, sur
differents meuz entre Marchands, & pour fait de marchandise, l'appel
ne soit receu, pourueu que la demande & condamnation n'excede la
somme de cinq cens liures pour vne fois payer : declare non receuables
les Appellations interjettees desdits Iugements, lesquels il veut estre
executez par tout sans qu'il soit besoin demander aucun placet, visa, ne
pareatis : declare nuls tous reliefs d'appel, ou commissions obtenus au
contraire, & deffend à toutes ses Cours & Chancelleries de les bailler.

Et és cas qui excedent ladite somme de cinq cens liures tournois, sera
passé outre à l'entiere execution desdites Sentences, nonobstant opposi-
tions ou appellations quelsconques, & sans prejudice d'icelles, que sa
Majesté entend estre releuées en la Cour de Parlement, & non ailleurs.

Les condamnez à garnir par prouision, ou diffinitiuement, seront contraints par corps à payer les sommes liquides qui n'excederont cinq
cens liures, sans qu'ils soient reçeus à demander lettres de Respit, &
neaumoins pourra le crediteur faire executer son debiteur condamné
en ses biens meubles & saisir ses immeubles.

Les dommages & interests pour le retardement du payement, ne seront adiugez sinon à raison du denier douze, à compter du iour du premier adiournement.

Les saisies, establissements de Commissaires & vente de biens ou
fruicts seront faits en vertu desdites Sentences ou Iugements : & s'il faut
passer outre, les criées & interpositions de Decret se feront par au-
thorité des Iuges ordinaires des lieux, ausquels il enjoint ce faire sans y vser
de longueur, à peine de tous despens dommages & interests des parties.

Les executions encommencées contre les condamnez seront para-
cheuees contre leurs heritiers, & sur leurs biens seulement.

SA MAIESTE' par Lettres de Declaration sur ledit Edict donné
à Bordeaux le 28. Avril 1565. en interpretant ledit Edict, veut que
les Iuge & Consuls des Marchands de ladite ville de Paris, connoissent
& iugent en premiere instance de tous differends entre Marchands habitans de Paris, pour marchandise venduë ou achetée en gros ou en
detail, sans que pour raison de ce, la Cour de Parlement à Paris ou autres Iuges en puissent prendre aucune Cour connoissance & iurisdiction soit par appel ou autrement, sinon des cas qui excederont la som-

me de cinq cens liures tournois, suiuant & laquelle il leur interdit dere-
chef tres-expreſſement.

ET quant à la marchandiſe venduë, ou achetée, ou promiſe liurer,
& payement pour icelle deſtiné à faire en ladite ville par les marchands
en gros & detail tant habitans de ladite ville, qu'autres Iuriſdictions &
Reſſorts du Royaume par cedulles promeſſes ou obligations, encores
qu'elles ſoient paſſees ſous le ſeel du Chaſtelet de Paris, ſa Majeſté declare iceux Iuge & Conſulz, Iuges competans, & leur attribuë la connoiſſance & Iuriſdiction des differends qui naiſtront entre leſdits marchands pour les cas que deſſus.

POVR raiſon dequoy, veut tous leſdits marchands y eſtre conue-
nus appellez & iugez, nonobſtant les fins d'incompetence & de ren-
uoy qu'ils pourroient requerir en vertu de Lettres de Committimus
pardeuant les Gens tenans les Requeſtes du Palais à Paris : comme
payeurs de Compagnies & autres Officiers du Roy, nonobſtant tous
priuileges dont il les deboute entant qu'ils ſont marchands.

ET au cas que les parties par eux condamnées contreuiennent audit
Edict, permet auſdits Iuge & Conſulz proceder contre elles par mulctes
& amendes pecunieres, applicables moitié aux pauures, & l'autre à la
Place commune deſdits Iuge & Conſuls, pourueu que leſdites amendes
n'excedent la ſomme de dix liures.

Et deffend à tous Iuges d'empeſcher les Sergeans en l'execution des
Iugements deſdits Iuges & Conſulz, à peine de reſpondre en leurs
noms des deſpens dommages & intereſts des parties procedans deſdits
empeſchemens.

PAR ARREST DE LA COVR DE PARLEMENT à Paris
donné entre le Bailly d'Abbeuille d'vne part, & les Iuge & Conſuls dudit Abbeuille & leur Greffier d'autre, le 13. May 1575. Oy Monſieur
le Procureur General du Roy, La Cour a fait inhibitions & deffences
auſdits Iuge & Conſuls de prendre Cour Iuriſdiction & connoiſſance,
ſinon de marchands à marchands vendans & traficquans pour faict de
marchandiſe dont ils ſe meſlent, prinſe en gros ou en detail, pour com-
merce & traficque & non pour vſage : Enſemble des aſſeurances faites
entre leſdits marchands, & ce ſuiuant l'Edict de Creation deſdits Conſulz & Arreſts de ladite Court donnez en pareil cas, encores que les
parties y voiſiſſent proceder volontairement.

FAIT auſſi deffences audit Bailly de n'entreprendre ſur la Iuriſdiction deſdits Conſulz.

Enjoint auſdits Conſulz de renuoyer les cauſes qui ne ſeront de leur
Iuriſdiction, & de faire acte des renuoys qui ſeront demandez pardeuant eux, & d'y faire droit ſur le champ & ſeparement auparauant de

iuger le principal, & de deff_rer aux appellations qui feront interjettées
& releuées pour raifon defdites incompetences & denié de renuoy,

ET outre leur fait inhibitions & deffences de receuoir ne permettre
eftre reçeu en leurs Gruffes aucunes Sentences ou condamnations vo-
lontaires, fi ce n'eft des parties dont ils ont luriidiction & connoiffance,
fur peine de nullité & d'amende arbitraire en leur propre & priué nom
& de tous defpens dommages & interefts des parties.

Et afin que nul n'en pretende caufe d'ignorance, Ordonne la Cour
que ledit Arreft fera regiftré au Greffe dudit Bailliage, & en celuy defdits Confulz pour eftre entretenu.

Ordonnances faictes pour le Reiglement de la Jurifdiction des Iuge & Confulz des Marchands eftablis par le Roy en la ville & Cite d'Amiens.

LESDITS Iuges & Confulz tiendront fiege par chacune fepmaine les iours de Lundy, Mercredy & Vendredy precifément à dix heures du matin, où les Sergeants à Maffe fepmainiers feront tenus affifter à peine de dix fols d'amende.

VNE heure auprecedent l'Audience, le Greffier ou fon Commis, ayant ferment à Cour, fera tenu fe trouuer en l'Auditoire pour regiftrer les caufes tant vieilles que nouuelles dont il fera requis par les parties, pour lequel Regiftre fera payé audit Greffier pour chacun exploit & caufe nouuelle, & fur iteratif commandement douze deniers, & luy font faites deffences d'en prendre d'auantage pour la prefentation d'vne caufe où y aura plufieurs tefmoings adjournez, enfemble la partie, ne de prendre aucun fallaire pour les prefentations des caufes vieilles que les parties feront regiftrer pour en auoir Audience & expeditions fuiuant les appointemens donnez au precedent efdites caufes, à peine d'amende arbitraire.

Deffences font faictes aux Sergeants d'y faire aucuns adjournemens finon entre marchands & pour marchandife, fuiuant les Edits & Arrefts de la Cour de Parlement à Paris, & qu'ils ne feront libellez contenans demande certaine & l'occafion du deu à peine d'vn efcu d'amende, & d'eftre les parties renuoyées fans eftre ouyes, & ne pourront lefdits Sergeants prendre plus de vingt deniers pour chacun adjournement, comprins fa coppie & le fallaire de fes Records.

Tous adjournez feront tenus de comparoir pour eftre ouys par leurs
bouches,

bouches, s'il n'y a excufe d'abfence ou maladie, E quels cas pafferont
procuration fpeciale à leurs femmes, feruiteurs, ou a vn marchand
pour venir deffendre ou accorder condamnation, fans aucun miniftere
d'Aduocat ou Procureur.

Autrement a faute de comparoir fera contre eux donné deffaut premier, & ordonné qu'iteratif commandement leur fera fait de comparoir au prochain iour pl. ſoyable, & s'ils n'y comparent en vertu du
fecond deffaut prinfe l'affirmation du demandeur, ils feront promptement condamnez és fommes contre eux pretenduës, en baillant caution par les demandeurs.

ET fi les adjournez fe trouuent aufdites affignations & que les 'e-
mandeurs ny comparent, lefdits deffendeurs feront abfouz d' ... (-
nement, & les demandeurs condamnez à payer leurs vaccations & en
dix fols d'amende.

SONT auffi faites deffences à tous ceux qui font marchâds, lefquels
feront adjournez pardeuant lefdits Iuge & Confulz à la requefte d'vn
autre marchand pour fait de marchandife, de fe pouruoir par Requefte
pardeuant Monfieur le Bailly d'Amiens ou fon Lieutenant pour obte-
nir deffences contre fa partie de le pourfuiuir pardeuant lefdits Iuge &
Confulz, ny aux Sergeants d'executer aucunes deffences en ce regard,
à peine d'vn efcu d'amende.

AVSQVELS Sergeants eft enjoint de faire lefdits adjournemens
au plus tard le iour precedent celuy de l'Audience & plaidoyé, & rendre aux parties leurs exploits du moins deux heures au precedét lefdites
Audiences, fans pouuoir faire lefdits adiournements les iours defdites
Audiences pour feruir le mefme iour, ny donner aucune affignation
pour qui que ce foit aux maifons priuées defdits Iuge & Confulz, n'y à
autre heure & iour que deffus.

EST auffi enjoint audit Greffier tenir bon & fidel Regiftre pendant
l'Audience de toutes les expeditions & Iugemens qui y feront donnez,
& en toutes Sentences portant condamnation de defpens y faire men-
tion de la fomme à quoy montent lefdits defpens, fuiuant la taxe qui en
fera promptement faite fur les pieces, fans pouuoir faire aucune executoire de defpens feparément ny prendre plus grand fallaire que de dixhuiſt deniers pour roolle de papier efcrit raifonnablement de dix-huit
lignes à la page & de huit à neuf fyllabes à la ligne, aux peines portées
par les Ediſts du Roy.

Pareillement luy font faiſtes deffences de tranfcrire les cedulles &
autres inftruments des parties & deffauts iteratifs, commandemens, aſtes
ou Sentences données par contumax ou autrement, ny efdits deffauts
premier apres auoir mis les noms, furnoms, qualitez & demeurance des

P p

parties & la fomme pretenduë, y mettre autre chofe que ce qui s'enfuit: Default le deffendeur octroye au demandeur , & ordonnons qu'iteratif commandement luy fera fait de comparoir au prochain iour plaidoyable à peine d'eftre condamné en la fomme contre luy pretenduë, fans y vfer de fuperfluité de langage , ny faire contenir lefdits deffauts plus d'vn feuillet de papier, ainfi qu'ont fait fes predeceffeurs Greffiers.

Et quant aux Sentences données par contumax en Iugement en vertu de deux deffauts , luy font aufsi faites deffences d'y vfer de langage fuperflu , mais feulement apres auoir repris la prefentation de la caufe, y mettre ce qui s'enfuit: Deffaut fecond au demandeur en perfonne, lequel a affermé par ferment que la fomme par luy pretenduë luy eft loyallement deuë pour les caufes portées par fa demande , & que fus icelle il n'a aucune chofe receu , par vertu defquels deffauts auons ledit deffendeur priué de deffences, ordonne que la demande du demandeur demeurera pour confeffée, condamné & condamnons ledit deffendeur à payer ladite fomme auec les defpens taxez à tant , en baillant par le demandeur caution, pour lefquelles fommes ledit deffendeur fera contraint par corps fuiuant l'Edict, nonobftant oppofitions ou appellations quelfconques, par le premier Sergeant auquel de ce faire donnons pouuoir , plus y mettre la datte, en forte que ladite Sentence n'excede deux feuillets de papier, ainfi que fes predeceffeurs Greffiers l'ont toufiours fait, à peine d'amende arbitraire & de dommages & interefts des parties.

Si eft ordonné que la prefente Ordonnance fera leuë & publiée en Iugement l'Audience tenant , & qu'autant en fera mis en vn Tableau en parchemin audit Auditoire , & encores autant en l'Efcritoire dudit Greffier à ce que nuls n'en puiffent pretendre caufe d'ignorance.

Faict & aarefté par Nous Iuge & Confuls des Marchands pour le Roy de ladite ville d'Amiens , le troifiefme iour de Ianuier mil cinq cens quatre-vingt cinq.

Pré Malacquis.

LE Pré Malacquis a efté baillé à Cens le huictiefme Iuillet mil cinq cens trente-fix, à Nicolas Gayant moyennant quatre efcus vingt fols par an, & aux charges qui enfuiuent:

C'eft à fçauoir que la Iuftice & Seigneurie en appartiendra à ladite ville.

Que le preneur fera tenu y faire pour trente liures d'amafements.

Et de liurer chacun an le nombre de bottes d'herbes en vert de la groffeur chacune botte de dixhuit paulmes, bien & fuffifamment liées fur peine de foixante fols parifis d'amende, pour chacune fois aux iours

& aux perfonnes qui enfuiuent.

A fçauoir le Ieudy precedent de l'Afcenfion , en la maifon de Monſieur le Maieur au deliurement des draps, quatre bottes.

Les veilles des Feftes de l'Afcenfion & du Sacrement , en la maifon de Monfieur le Maieur, de chacun des anciens Maieurs, & en l'Hoftel de ville. huit bottes.

Et à chacun Efcheuin , Aduocat , Procureur , Greffier , Receueur, Maiftre des Ouurages & Procureur de ladite ville , quatre bottes.

Aux maifons du noir Mouton, de la Roze,& des Faucons, ſcituez au deuant de la grande Eglife, chacun ſeize bottes.

Au Carfour fainĉt Martin, foixante bottes.

Deuant le Beffroy , douze bottes.

Au Carfour de fainĉt Firmin à la pierre, feize bottes.

Deuant les Sœurs grifes, douze bottes.

En chacun coing de ruë par où paffe la Procefſion dedits iours , deux bottes,

Chacun iour de Samedy depuis ledit iour de l'Afcenfion iufques au iour de fainĉt Remy enſuiuant és maifons de Monfieur le Maieur , anciens Maieurs , & Hoftel commun, deux bottes.

Chacun iour de Lundy & Vendredy en l'Hoftel de ville tant pour la Salle que pour le plaidoyé , deux bottes.

Et en chacun iour de l'Efcheuinage , deux bottes.

Ledit Pré doit contenir cinq iournaux ou enuiron.

Nota , que cy deuant fol.   eft encore vn Chapitre contenant ledit Pré Malacquis.

Il faut notter auffi que l'on a baillé à Cens au ſieur Martelet proprietaire dudit Pré Malacquis vne portion du Marais de S. Pierre tenant audit Pré , ladite portion contenant trente huit ou quarante vergées, pour laquelle ledit Martelet doit vne Cenſine à la ville.

Impoſitions accordées de par le Roy aux Maieur & Efcheuins d'Abbeuille par Lettres Patentes du mois de Decembre 1581.

SVR chacun poinçon ou muid de vin entrant & vendu en gros & en detail en ladite ville d'Abbeuille, cinq ſols,

Sur chacun muid de bled, douze ſols.

Sur chacun muid d'auoine & orge, ſix ſols,

Sur chacun Gal de laine,   quatre fols.
Sur chacun Gal de Chanvre bize ou blanche,   fix deniers.
Sur chacun lay de Harencs blancs ou fors, ou moruës,   30. fols.
Et du baril à l'equipolent.
Sur chacun cent de moruës de Terre-neufue,   vingt fols.
Sur chacune gonne de Saulmon,   fix fols.
Le tout entrant & debité en ladite ville d'Abbeuille.

Et pource que lefdits Maieur & Efcheuins d'Abbeuille vouloient eftendre la leuée defdites Impofitions fur les denrées & marchandifes cy deffus, paffans tout debout fur l'oppofition des Maieur Preuoft & Efcheuins d'Amiens, feroit interuenu Arreft du Confeil d'Eftat du 24. iour de Mars mil cinq cens quatre-vingts deux, Portant qu'il ne feroit aucune chofe payé defdites Impofitions, finon pour ce qui feroit vendu & debité audit Abbeuille. Iceluy Arreft eft regiftré au dernier Regiftre aux Chartres de la ville d'Amiens.

F I N.

TABLE DES OFFICIERS DE LA VILLE,

& autres, Auec leurs droicts, salaires & deuoirs,
selon l'ordre de l'Alphabet.

Aduocats de la Ville,	page 97
Aduocats plaidans leur salaire,	p. 92.
Adjoincts leur salaire,	p. 107
Afforeurs de vin & leurs salaires,	p. 124
Agent & Solliciteur en Cour,	p. 98
Aulneurs de draps, linge, & lange,	p. 131.
Aulneurs des pieces en Sayeterie,	p. 128
Conseil de la Ville,	p. 97
Clercs des Fermes,	p. 115
Clocheteur & recommandeur des Trespassez,	p. 114
Compteurs de harencs sors & fraiz, & leurs salaires,	p. 125
Charpentier de la Ville,	p. 116
Chainier du Pont du Change,	p. 111
Chainier du Pont Sainct Michel,	p. 111
Controolleur des Ouurages,	p. 100
Courtiers de laine, leurs deuoirs, & salaires,	p. 126
Courtiers de vin, leurs salaires & deuoirs,	p. 121
Courtiers de fruicts, leurs deuoirs & salaires,	p. 125
Courtiers des draps forains,	p. 130
Droicts, salaires, charges & deuoirs des Officiers & pensionnaires de la Ville,	p. 97
Deschargeurs de vin, leurs salaires & deuoirs,	p. 118
Encordeurs de bois, & leurs salaires,	p. 133
Esgards sur le foullage de la Sayeterie,	p. 128
Esgards sur le Guelde des pieces de Sayeterie,	p. 128

Efgards fur le noir des pieces de Sayetterie, p. 129
Efgards Sayeteurs drapans erigez en office, p. 129
Efgards des Porcs, & leurs falaires, p. 124
Efgards des draps forains, & garde du Marteau, p. 130
Executeur de la haute Iuftice, fes falaires, p. 137
Ferreurs en blanc fur l'Eftille, p. 127
Foflier du Cemetiere fainct Denis, p. 115
Greffier de la Ville, fes falaires & deuoirs. p. 93
Greffier de la Preuofté, fes falaires & deuoirs, p. 95
Greffier des Comptes, p. 102
Greffier des Portes, p. 102
Grofliers de poifon de Mer, leurs falaires. p. 124
Garde du Marteau, & Efgards des draps forains, p. 130
Geollier du Beffroy, fes falaires & deuoirs, p. 141
Guetteurs du Beffroy, p. 141
Herault ou Courrier, p. 112
Horologer, p. 112
Huiflier & Sergent à verge, fes deuoirs & falaires, p. 108
Iaulgeurs de Vin, leurs falaires & deuoirs, p. 122
Lieurs & Flequeurs, & leurs falaires, p. 132
Lieurs de foin, leur deuoir & falaires, p. 126
MESSIEVRS, leurs falaires, p. 91
Maiftre des Prefons, p. 103
Maiftre des Ouurages, p. 99
Maiftre & Controoleur de l'Artillerie, p. 101
Maçon, Charpentier & Paueur, p. 116
Mefureurs & porteurs de charbon de bois, p. 134
Mefureurs de charbon de terre, p. 134
Mefureurs & barilleurs de Cueille, p. 132
Mefureurs de Chaux, leurs falaires, p. 133
Mefureurs de bois & Aiffelins p. 133
Procureur Fifcal, p. 97
Procureur penfionnaire, p. 97

Procureurs du Siege & leurs sallaires,   p. 92
Priseurs jurez & leurs sallaires,   p. 107
Pezeurs de fil de sayette, & leurs sallaires,   p. 127
Peseurs de lin de chanure & des filez en proceddans,   p. 131
Petits Portiers veillans,   p. 112
Porteurs de grains, nommez Porteurs au sac,   p. 135
Porteur de Ville,   p. 116
Porteurs des Peitiferez,   p. 117
Plombier,   p. 117
Receueur de la Ville,   p. 99
Sergens de Masse, leur pouuoir, debuoir & sallaires,   p. 104
Sergent Messier,   p. 109
Sergens des quinnes,   p. 104
Sergens du Guet de nuict,   p. 110
Sergens du guet des rampars,   p. 111
Seruiteur des Ouurages   p. 113
Seruiteurs des Portes,   p. 113
Saigneur des Peitiferez   p. 116
Seruiteur de la Poissonnerie,   p. 113
Setteliers de Monsieur le Vidame, sallaires & deuoirs,   p. 118
Trompette,   p. 112
Veilleurs de vin, leurs sallaires & deuoirs,   p. 121

TABLE DES CHAPITRES
du present Recueil.

ORdonnances qui concernent l'honneur de Dieu & de son Eglise,   page 1.

Ordonnances pour la garde, seureté, & conseruation de la Ville,   p. 4

Pour le faict de la Iustice & expedition des Causes,   p. 7.

Deffences de tenir bordeau, Brelens, Tauernes, & autres, pour maintenir chacun en deuoir,   p. 11

Pour la reception des Apprentis & Maistres,   p. 13

Pour la superfluité des habits,   p. 14

Banquets & superfluitez des viandes   p. 15

Pour obuier au feu de mescchef,   p. 16

Pour tenir la ville nette & obuier à mauuais air,   p. 18

Pour le repos de la nuict auant la Ville,   p. 29

Pour les Flocs & Fiegards és Ruës & voiries communes, congés & droicts,   p. 22

Establissement des places & marchez auant la Ville,   p. 24

Pour la vente & reuente des grains,   p. 26

Marché au bled,   p. 27

Marché à l'auoine,   p. 28

Espal du pain,   p. 29

Procés verbal de l'Espal du pain,   p. 30

Ordonnance pour le faict du pain,   p. 31

Pour l'Estaple & vente des vins,   idem

Pour la biere,   p. 34

Pour la Volaille,   p. 35

Pour le bestial & vente de la chair,   idem

Ce que les Moulins de la ville peuuent mouldre par iour,   p. 37

Pour la Poissonnerie de Mer,   p. 38

Pour la pesche & vente de poisson d'eau douce,   p. 40

Pour les fruicts,   p. 41

Pour les poirées, raues, & autres legumes,   p. 42

Pour le beurre, œufs & fromages,   idem

Pour le gros bois, fagots, eschallats & verges,   p. 43

Pour le foing,   p. 46

Pour le bois soyé,   idem

Pour la laine,   p. 48

Pour le fil de sayette,   p. 49

Pour la chanure, lin, & bouquet & des filez qui en procedent,   p. 51

Reduction de plusieurs mesures au bled & au mars,   p. 53

Reduction

Reduction de pluficurs autres mefures,   p. 56

Iaulge & continence des pierres , gréz & briques, & autres mate-
      riaux,   p. 57.

Poids & prix des pieces d'or & d'argent,   p. 59

Ordonnances touchant les Medécins, Apotiquaires & Chirurgiens,
                                     p. 71

Tauerniers & Hoftelains,   p. 72

Redeuance en herbe des prés Malacquis,   p. 74

Table de defpence,   p. 75

Ordre des Cierges portez à la Proceffion,   p. 76

Officiers & autres exempts de Porte, Guet & Réueil,   p. 77

Département des dix Quartiers pour la Garde Stationnaire, p. 78

La forme du renouuellement de la Loy , contenant la diftribution
des Charges & Commiffions des Efcheuins,   p. 81

Sallaires de Meffieurs,   p. 92

Sallaires des Aduocats,   idem

Sallaires des Procureurs,   idem

Sallaires du Greffier de la Ville,   p. 93

Sallaires du Greffier de la Preuofté,   p. 95

Droicts, falaires , charges & deuoirs des Officiers & Penfionnaires
      de la ville d'Amiens,   p. 97

Agent & Solliciteur en Cour,   p. 98

Receueur de la Ville,   p. 99

Maiftre des Ouurages,   idem

Controolleur des Ouurages,   p. 100

Maiftre & Controolleur de l'Artillerie,   p. 101

Greffier des Comptes,   p. 102

Greffier des Portes,   p. 102

Maiftre des Prefents,   p. 103

Sergens des Cannes.   p. 104

Sergens a Maffe, leur pouuoir, debuoir, & fallaires,   idem

Salaire des Adjoincts,   p. 107

Prifeurs jurez & leurs fallaires,   idem

Huiſſier & Sergent à verge , les deuoirs & ſalaires,   p. 108
Sergent Meſsier,   p. 109
Sergens du Guet de nuict,   p. 110
Sergens du guet des rampars,   p. 111
Chainier du Pont S. Michel   idem.
Chainier du Pont du Change   idem.
Guetteurs du Beffroy,   idem.
Horologer,   p. 112
Petits Portiers veillans,   idem.
Herault ou Courrier,   idem.
Trompette,   idem.
Seruiteur des Ouurages,   p. 113
Seruiteurs des Portes,   idem.
Seruiteur de la Poiſſonnerie,   idem.
Clocheteur & recommandeur des Treſpaſſez,   p. 114
Foſſier du Cemetiere ſainct Denis,   p. 115
Clercs des Fermes,   p. 115
Maçon , Charpentier & Paueur de la ville,   p. 116
Saigneur des Peſtiferez   idem.
Porteurs des Peſtiferez,   p. 117
Plombier,   idem.
Sallaires & deuoirs des Seſteliers de Monſieur le Vidame d'Amiens,   p. 118

Salaires & deuoirs des Maiſtres & dixhuit deſchargeurs de vin, id.
Salaires & deuoirs des Veilleurs de vin , Office venal.   p. 21
Salaires & deuoirs des Courtiers de vin,   idem
Salaires & deuoirs, des Iaulgeurs de Vin ,   p. 122
Afforeurs de vin & leurs ſalaires, Office venal.   p. 124
Eſgards des Porcs , & leurs ſalaires,   idem
Groſliers de poiſſon de Mer , leurs ſalaires.   idem
Compteurs de harencs ſors & fraiz, & leurs ſalaires,   p. 125
Courtiers de fruicts , leurs deuoirs & ſalaires,   p. 125
Lieurs de foin , leur deuoir & ſalaires,   p. 126

Courtiers de laine, leurs deuoirs, & falaires,   idem
Pezeurs de fil de fayette,& leurs fallaires,   p.127
Ferreurs en blanc fur l'Eftille,   idem
Aulneurs des pieces en Sayeterie,   p.128
Efgards fur le foullage de la Sayeterie,   p.128
Efgards fur le Guelde des pieces de Sayeterie,   idem
Efgards fur le noir des pieces de Sayetterie,   p.129
Efgards Sayeteurs drapans erigez en office,   idem
Garde du Marteau , & Efgards des draps forains , erigez en tiltre
   d'Office.   p.130
Courtiers des draps forains, Offices venaux.   idem
Pefeurs de lin, chanure, pion & bouquet,& des filez en procedás,id.
Aulneurs de draps, linge, & lange,   p.131
Lieurs & Flequeurs, leurs falaires, Offices venaux.   p.132
Mefureurs & barilleurs de Guelde,   idem
Mefureurs de Chaux , leurs falaires,   p.133
Mefureurs de bois & Aiffelins,   idem
Encordeurs de bois, & leurs falaires,   idem
Mefureurs de charbon de terre,   p.134
Mefureurs & porteurs de charbon de bois,   idem
Porteurs de grains,nommez Porteurs au fac,Offices venaux.   p.135
Executeur de la haute Iuftice, fes falaires,   p. 137

Droicts de plufieurs Fermes , & autres.

DRoicts du poid des Halles,   p.138
   Droicts du Guindal,   p.140
Droicts du Geollage du Beffroy ,   p.141
Droicts de Chauflée,   idem.
Trauers par terre,   p.143
Trauers par Eaue,   p.144
Droict de Fouée,   p.145

Tonlieu du Bled, p. 146
Tonlieu d'auoir de Poix, idem.
Tonlieu des laines, idem.
Tonlieu des toilles & draps, p. 148
Tonlieu du Beftial, idem.
Tonlieu du Guelde, idem.
Tonlieu des menuës chofes, idem.
Tonlieu de la Vieferie, p. 149
Tonlieu du fruict, idem.
Tonlieu du pain, idem.
Tonlieu du Poiffon de mer, idem.
Les petits panniers, p. 150
Tonlieu de la Potterie, idem.
Tonlieu du Sel, p. 151
Eftaplage, idem.
Tonlieu des Cuirs, idem.
Preage, idem.
Roüage, p. 152
Preuofté du grand Pont, idem.
Droict d'Eftallages, idem.
Toreillage & Cambage, idem.
Loy des Boulens, p. 153
Amendes des Arrefts, idem.
Amendes des deffauts premiers, idem.
Amendes des folles Appellations, idem.
Amendes Couftumieres, idem.
Pour la Iurifdiction des Iuges & Confulz des Marchands, p. 154
Ordonnances pour la Iurifdiction des Iuge & Confuls de
   la Ville, p. 158

Fin de la Table du prefent Recueil.

www.ingramcontent.com/pod-product-compliance
Lightning Source LLC
LaVergne TN
LVHW050753200726
843507LV00001B/114